人事が変われば、会社は変わる

香本裕世

日本経済新聞出版社

まえがき

「失われた一〇年」

バブル崩壊から二〇〇〇年初頭までをこう表現することがあります。本来は経済が停滞した長期の不況時代を指す言葉ですが、それを「人事」に置き換えて日本企業の人事部を欧米のグローバル企業のそれと比較してみると、多くの企業で「人事」が「制度づくり・人事管理」業務からその役割を変化させられないままに二一世紀を迎えてしまったように思われます。その意味で二〇一〇年が近づいた現在、「人事における失われた二〇年」といえるのかもしれません。

なぜならこの間、欧米のグローバル企業では、「賃金支給や人事管理」業務をアウトソーシングしてしまうケースもあるように、人事機能を、組織を成長させるためにメンバーを育成しつつ、モチベーションを高めてコミットメントを引き出し、チームづくりと組織活動を推進して経営の成果を高める現場型のダイナミックな活動へと急速に集中させてきているのです。そして、「人事」はすでに「財務」と並んで社長直轄の経営機能として存在するようになっています。多くの日本企業で、「人事」が静態的で無難な組織維持機能として存在し、会社変革の推進力からかなり遠いところに位置してしまっているのとは大きな差が生じているといってもよいでしょう。

アップル、P&G、ロイヤル・ダッチ・シェル、ハーレーダビッドソンなど数々の企業に、学習する組織（ラーニング・オーガニゼーション）の理論と実践を紹介してきたマサチューセッツ工科大学経営学部のピーター・センゲ教授の『フィールドブック　学習する組織「10の変革課題」』（柴田昌治＋スコラ・コンサルト監訳、日本経済新聞社）の日本語版へのまえがきに、つぎの文章があります。

有能なチェンジ・リーダーは、メンバーを「参加させる」手腕に長けており、……（中略）……メンバーの「想像力」「勇気」「忍耐」「根気強さ」を引き出す方法を探る。……（中略）……「組織を成長させるためにメンバーを育てる」ことが、自分の仕事だと考えているのだ。

ここにある「組織を成長させるためにメンバーを育てる」ことが自分の仕事だと考える現場リーダーを日本の「人事」はどれほど育ててきたでしょうか。私の印象では、多くのリーダーの意識はメンバーの育成よりも圧倒的に目先の職務遂行に向いているように思えます。それには「人事」の影響が大きいと考えられるのです。

たとえば、アクションラーニングのような現場実践型のツール（図表21参照→二六五ページ）の導入においても、使い方の「研修」だけを施してその後の現場適応には無関心という「人事」が少なからずあるということなどがその例です。これはＯＪＴ制度、評価者訓練などの導入場面でも同様でした。制度は入れるがその現場適応までは踏み込まないという「制度づくり・人事管理」型の人事スタイルがまだまだ主流なのです。一種の縄張り意識による職務主義的な仕事の仕方によって、せっかくのダイナミックな現場ツールも形骸化してしまうのです。有能なチェンジ・リーダーを生み出すためには、もっと現場に踏み込む「人事」が必要なのです。

本書では、企業の組織変革を人事部の改革という切り口から捉え直し、人事部が現場を中心とした「人と組織の共生」へと発想と行動を転換することが「人事における失われた二〇年」の挽回になり、同時にそれが会社変革の糸口ともなるということを物語風に示そうと試みました。

物語のなかでは、現在の日本企業で重要だと思われる「人事」に絡むキーワードやキー概念をいくつか取り上げています。たとえば、「失敗する成果主義」「キャリア自立」「マネジメントスタイルの変革」「メンタリング」「ポジティブアクション」「女性にとっての自分らしい仕事スタイルの実現」「ベテラン社員の自己変革」「社内キャリアカウンセリング制度」「人材のリテンション（流出防止）」「採用におけるＲＪＰ（現実的な仕事情報の事前提供）」「早期退職優遇制度のソフトランディング」「春闘に代わる組合員サービス」等々、人と組織の「入口」「滞在」「出口」に関わるものです。

このような個々のキーワードやキー概念をテーマとした理論書は数多く出版されてきましたが、企業の全体バランスのなかでそれぞれを関連づけて使い方が示されているものは少なく、実務の現場にいる者が自社の具体的な場面で使いこなすのはなかなか難しいものがあります。これは実務担当者としての筆者の実感でもありました。

そのようなことから、本書では右記のキーワードが全体観のなかで相互に関連をもって感じられるように物語構成を取ることにしました。そして、主人公を「自身の転機への対処」と「組織変革の推進役」という二つの重要テーマを課されている日本企業のベテラン人事部員に設定し、環境変化のなかでのベテラン社員の自己変革支援という基本要素も持たせながら、「人事部の経営ベストパートナー化の実現を通した会社変革」というテーマを目指しました。

本書が「人事」による経営機能の復権、そして人と組織が共生する組織の増加に少しでも役立つなら、筆者としてこれに勝る幸せはありません。

最後になりましたが、本書が世に出るきっかけを作ってくださったスコラ・コンサルトの谷田邦子さんに、この場をお借りしてお礼を申し上げます。

なお、この物語は「企業と人材」（産労総合研究所）に連載した「変革型人事が会社を変える〜「制度づくり人事」から「個人に対面する人事」へ〜」（二〇〇三年九月—二〇〇四年八月）のモチーフを一部使いながら全体を再構成し、まったく別の物語として書き直したものです。この物語の舞台となるナップス（日本アドバンスト・プロセスシステム・ソリューションズ株式会社）は架空の会社ですので、仮にこれに類似する企業があったとしても、それはまったくの偶然だということをあらかじめお断りしておきます。

二〇〇七年二月

香本　裕世

目次

まえがき

序章　支援型人事部は経営のベストパートナー　12

創業時期、人の問題はすべて社長マターだった
分業による「人事」の発生と形式化
「人事」仕事を本来の「社長マター」に戻す
「教育研修」の特徴を生かした「人事」の活性化
物語の概要と各章のポイント

第1章　女性人材開発グループ長の着任　33
第一印象
NAPSS（ナップス）
〈日本橋〉
矢澤久美子の採用
谷川周作との顔合わせ
山口取締役の思い――制度屋人事の仕事スタイルが改革のネック
矢澤久美子の思い――人が生き生きと働ける手助けをしたい
カクテルパーティー効果――夢を持てば実現できる
谷川周作の思い――人事はじっくりやる仕事
ビジョンが語られない入社研修
来週に向けて

第2章　人事部とは何をする部署なのか？　68
やることリスト
人材開発の原点
人材開発の目的は何か

人材開発の出発点はセルフ・キャリアマネジメント
人事に求められる究極の三つの役割
谷川とのミーティングの振り返り

第3章　個別インタビューによる課題抽出——キャリア自立とマネジメントスタイル 91

インタビュー対象者の選定
事前の根回し
個別インタビュー
組合執行委員たちの思い——組合の存在価値はどこに
プランド・ハップンスタンスの実感
インタビューの集約
話を聴けない管理職
質問技法とリーダースタイル
失敗する成果主義
自然行動と修正行動
〈プロセス成果主義〉

第4章　半年間の振り返り　129
キーパーソン・インタビューから見えてきた問題点
山口取締役と谷川次長の反応
若手技術者へのインタビュー実施
部門長の巻き込み
労組との共催事業（キャリアマネジメント・ワークショップ）
管理職向けのマネジメント勉強会

第5章　〈プロセス成果主義〉へのキックオフ——二つのワークショップ　145
管理職向けキャリアマネジメント・ワークショップ
個人としての自分の分析
職業人としての自分の分析
好評のキャリアマネジメント・ワークショップ
マネジメント勉強会
求められるマネジメントスタイルとは?
マネジメント・ワークショップ

第6章　上司は重要なメンター　198
労組からの情報
うぐいすと温泉とフィトンチッドに癒されて
ワークショップでの気づき
谷川への期待
第7章　谷川人事部次長の変化　223
矢澤への相談
傾聴の難しさと重要性
早期退職優遇制度のソフトランディング
若手社員の流出防止策
CDAコースへの参加
キャリア採用面接の質的向上

第8章　経営のベストパートナーとしての人事部に向けて　247
夢を語る管理職
管理職のメンター化
社内キャリアカウンセリングとコーチング
経営のベストパートナーとしての人事部に向けて
行為の再現性と〈プロセス成果主義〉
元気の素

装幀——森 裕昌（森デザイン室）

序章　支援型人事部は経営のベストパートナー

創業時期、人の問題はすべて社長マターだった

本書の「まえがき」で、欧米グローバル企業の「人事」が社長直轄の経営機能に変質してきたと書きましたが、日本においてもダイナミックな「人事」の経営機能はもともと日常的なことでした。それがいつの間にか賃金支給や制度づくりなどを中心にする事務管理的な静態的機能になってしまい、その状態が続いてしまったのです。そこで「制度づくりや事務管理機能の人事」から「経営機能としての人事」に立ち戻る方策を探るために、本章では「人事部とはそもそも何だったのか」を考えてみることにします。

人事部とは何か、何をするところか。この問いに対する答えは複雑で難しそうに思えますが、企業の成り立ちを振り返ると、実は極めて単純明快に答えることができます。日本で自分の目指す夢を実

現したいと考えた研究開発リーダー的な人（仮に男性）がベンチャー会社を起業した場面を例にとって考えてみましょう。

起業後、社長となった彼は自分の夢の実現に向けて一人で努力を続けますが、やがて営業、受注、開発、資材購買、組み立て、梱包、配送、メンテナンス、クレーム対応、銀行交渉、現金・売掛金管理、仕訳記帳、事務作業など、さまざまな仕事を一人だけでこなすのは難しいことを知ります。そこで、彼は自分の夢と近いイメージを持ち、能力的にも役割分担ができそうな仲間を探して事業の拡大・発展を期します。

そのとき彼がすることは、まず①**「いい人材を獲得する」**ことです。「いい人材」とは、自分の目指す夢に共感を示してくれて、その夢の実現に向けて力となってくれそうな人物です。これが「採用」活動です。このとき、彼は応募してきた候補者と必ず一対一で面談し、自分自身の目と耳と感性を総動員し、最終的には自分の勘によってある候補者（複数かもしれません）に賭けようと決心します。ここでは完全な個別対応による採用活動が行われます。適性テストの点数によって採用の可否を決めるようなことはしないのです。

そして、採用した仲間がいよいよ仕事を始めます。それまで社長である彼が一人で行っていた仕事が、製品開発、受注営業、経理事務などいくつかのジャンルに分割されて複数の人々に引き継がれることになります。役割分担によって仕事が遂行されていく過程で、社長ひとりだった頃にはなかった問題が発生してきます。採用時の予測よりも高い仕事成果を上げる人もいるでしょうが、期待とは裏腹に顧客開拓のたびにクレームを引き起こす新規開拓担当がいるかもしれません。また、利益どころか開発費さえ賄えないような安値で受注して資金繰りを圧迫する活動を繰り返す営業担当も出てくることでしょう。

この時点では、経理の事務員以外は社長も含めてすべてがプロフィットセンターとしてのライン業務に従事しており、管理部や人事部などのコストセンターは存在しません。ですから、これらのクレームや不具合現象の原因追及やそれらを引き起こした人物に対する教育的措置は、すべて社長が自分の経営マターとして対処することになります。社長は日々社員に対して、企業理念やビジョンを繰り返し語ってその共有化をはかり、そして、してはいけないことや行動の優先順位等の価値規範を指し示します。また、クレームを防止するための客先行動や赤字を避けるための見積提案の知識を与えるなど、教育的措置を個別具体的に行います。つまり②**「企業業績を高められるように、個々人をさらにブラッシュアップ」**するのです。これが人の組織滞在に関わる「人材開発」活動です。このような状況で、社長が社員との個別面談を持たないまま、外部の営業スキルアップセミナーへの出席や通信教育受講を指示するなどの制度的対応だけで終わらせることはないでしょう。

社長は経済的かつ精神的なコストをかけて、採用した人材の活用・定着を個別にはかるわけですが、その努力もむなしく人と組織のミスマッチが発生します。なぜなら、環境変化にともなう指示や戦略の変更は日常的であるにもかかわらず、社員がその変更にキャッチアップするには時間が必要だからです。経営戦略は一夜で変更できますが、人の気持ちは短時間では変われないのです。

個人サイドからであろうと社長サイドからであろうと、ミスマッチが発生してそれが長期間継続すると、この溝は埋めがたくなって社員の退職へと発展します。これが組織からの出口です。このとき社長はその社員を慰留する場合もあるでしょうし、慰留せずに退職を勧奨することがお互いにプラスだと判断することもあるでしょう。しかし、必ずその社員と時間をかけて個別に面談をし、しっかり理解し合おうとします。それなしにいきなりアウトプレースメント（外的再配置）会社に行きなさい、と制度的な関わりだけで済ませようとはしません。なぜなら、社員が「退職」するときに社長が心掛けるべき重要なことのひとつが、個人都合であれ会社都合であれ、退職後も在籍会社に対してファンであり続けてもらうことだからです。現役時代はもちろん、退職した後も元社員は重要な広告塔であり外部ネットワークなのです。ファンや外部ネットワークをおろそかにしては、企業経営は成り立たないことを創業社長はよく知っているので、**③社員が退職する場合でも、当社ファンのまま社外で活躍してもらおう**とするのです。

このように、創業社長は社員の①採用（組織への入口）、②定着（組織での滞在）、③退職（組織からの出口）のすべての場面で、時間をかけてじっくりと社員と話し合い、一対一で人の問題に対処します。つまり、人と組織の問題は事業の継続を左右する経営の最大（と言ってもよい）問題で、「個別対応」なしでは語れないのです。

この社長マターを「人事」が引き継ぐわけですから、冒頭に掲げた「人事部とは何か、何をするところか」という命題に対しての回答は、明確に次の三点となるはずです。

①いい人材を獲得する**（採用）**

②企業業績を高められるように、個々人をさらにブラッシュアップする**（定着）**

③社員が退職する場合でも、当社ファンのまま社外でその人らしく活躍してもらう（退職）

これを実現すべく「採用（組織への入口）」「定着（組織での滞在）」「退職（組織からの出口）」の三つの場面で、個々の社員に対して、一対一の個別対応を行うことなのです。

分業による「人事」の発生と形式化

では、つぎに「人事」の発生時期を見ておきましょう。

業容が拡大するにつれ、会社の中で分業が発生します。まず、当初は総務部ないし管理部という一つのコストセンターであったものから、お金の出し入れを行う「経理」が独立します。そして次に「人事」が発生し、独立して人事部となります。その後、「財務」や「経営企画」などができた後で「人事」の中に「教育研修」が発生するといった流れになるのが日本企業では一般的です。もちろん、発生の順序や名称に企業特性による違いはあるでしょうが、「人事」の発生は、いくつかの分業が進んだ時点であることは間違いないのです。

一連の分業によって、社長マターであった「人」に関する前記三種類の仕事は、当初「総務」の仕事として、そして後にはさらに分業化された「人事」の仕事として、人事部に引き継がれます。この時点で、事業の継続を左右する重要な社長マターが「人事」セクションの所管事項となるのです。

ただ、どんなに会社の規模が大きくなっても、社員採用に関する最終の決裁権限は社長が持っています。新卒採用でもキャリア採用でも、最終面接は必ず社長との顔合わせとなっているのはこのためで、社長を外して人に関する問題の最終決定はできないのです。

このような経緯によって、人にまつわる社長マターが「人事」に引き継がれるわけですが、この引き継ぎとその後の業務処理の中で、この「人」に関する業務が形式化していくのです。その形式化を、先ほどの社員の「採用」「定着」「退職」の三つの場面ごとに順を追って述べると、次のようになります。

①採用活動（組織への入口）：ここでの命題は**「当社にとってのよい人材を獲得する」**ということですが、この「当社にとってのよい人材」とはどのような人材を意味するのかについて、人事部内で深く議論され、それが共有されていることは少ないようです。このことを議論しようとすれば、その前に「当社」がどのような「企業ビジョン（目的）」を掲げ、「価値規範（行動の優先順位づけ）」を体現している企業であるのか、ということについての共通認識が必要となります。しかし、こういった議論は、その重要性にもかかわらず、緊急度合いの低さによって、日常的にされることは極めて少ないようです。

創業社長はこれを体現して自分の言葉で語っていたのですが、仕事が分業化されて複数の担当に引き継がれるなかで、この重要な部分に注意が払われることが少なくなります。さらに、採用方法も既成の適性テストが重視されたり、学力試験の足切りで門前払いが行われたりと、創業社長がしていたような「自分自身の目と耳と感性を総動員し、最終的には自分の勘によってその候補者に賭ける」ことからはかなり遠い状態となり、数をこなす採用活動が行われるようになります。これが採用活動における形式化です。

②**定着（組織での滞在）**：ここでの命題は「**企業業績を高められるように、個々人をさらにブラッシュアップする**」ことで、これは人材開発に関わる事柄になります。この場面では、配置、評価、処遇も重要なキーワードですが、それらはそもそも、社員のモチベーションと能力・技能をなおいっそう高め、好ましい仕事成果を引き出すための仕掛けにすぎず、あくまでも中心テーマは「成果創出に向けた人材開発とチーム活動支援」なのです。

創業社長は、社員から仕事成果を引き出すために、個人の技量や知識の向上およびチームビルディングにエネルギーを注ぎました。そして、仕事成果を出しやすい「配置」、やっている仕事に対する納得感を高める「評価」、そして、次の仕事成果に向けてモチベーションを向上させる「処遇」など、いくつかの人事的施策を個別対応的に一対一で行っていました。

ところが、分業と引き継ぎによってここでも形式化が始まります。つまり、総務から分かれた「人事」がこの部分を担当するわけですが、多くの社員を評価したり処遇したりする諸制度をつくるには、専門知識が必要とされるために、それらの諸制度を人事の部屋に篭ってつくり上げることが重要な仕事、「人事の本流」と見なされるようになってきました。彼らは素人に口を挟まれてはやっかいとばかり、運用する現場にその内容を公表するのは制度完成後に行うというのが一般的でした。その結果、現場との乖離現象が起きるようになります。それに拍車をかけたのが人事部が配置や評価について持っている「人事権」です。人事権のために、現場からは面と向かって物を申しづらく、せいぜい「現場の事情を知らない者がつくった制度を押し付けられてはたまらない」というインフォーマルな抵抗（＝積極的には協力しない）を示すくらいしかできない状態になってしまったのです。

その後、「財務」や「経営企画」といった分業が進んだあとで、「教育研修」セクションが生まれますが、発生順から言って「教育研修」セクションは「人事の本流」とは見なされず、「人事の下請け」機能として、つくられた制度を運用するための実行部隊として認知されました。このこと自体、「企業業績を高められるように、個々人をさらにブラッシュアップする」という創業社長マターと比較すると、すでに本末転倒になっていることが分かります。

さらにやっかいなことに、「教育研修」セクション独自の問題も発生しました。それは、人事制度を所与として「研修を実施すること」が仕事の目的になっていったことです。分業の発生時点では、具体的に現場で起こった問題点や今後起こりそうな不具合について、関係者を集めて事前に、そして効率的に情報を提供したり技能習得させるなど、現場の実態に合ったサービスが提供されていたはずですが、それが段々と形式化してしまい、現場に問題発掘に行かない「教育研修」スタッフが大量に生み出されました。

創業社長は、現場で起こりそうな問題をリアルタイムに潰して、次の業績向上に直結させるため、個別対応として一対一での教育的措置を行っていました。分業化され引き継がれたあとでは、効率化が追い求められたために「教育研修」セクションのスタッフがいちいち現場に出かけていって一対一で問題発掘の個別対応をするなどという非効率なやり方は奨励されません。多少ニーズがずれていようが、昨年実施した研修を今年も実施すればそれなりの効果は出るだろうとばかり、固定的・一律的な階層別研修やそれに準ずるパッケージ研修が重宝がられました。つまり、研修を数多く実施することと自体が使命であるかのようになってしまったのです。

しかも、実際の研修実施は外部の教育専門機関に外注し、「教育研修」セクションのスタッフは事務局として研修室の後ろに陣取り、研修実施レポートを充実させるために、外部講師と受講生の様子をメモしたり、昼食の手配をすることに注力する研修事務局になっていきました。

話を分かりやすくするために、誤解を恐れずに表現するならば、創業社長が個別対応として一対一で行っていた「企業業績を高められるように、個々人をさらにブラッシュアップする」という個別対応型の人材開発業務が、現場の問題発掘に基づかない「一律集合研修」に置き換えられて形式化してしまったのです。

③退職（組織からの出口）：ここでの命題は「**社員と会社の間に深刻なミスマッチが発生し、たとえ社員が退職することになったとしても、当社ファンのまま社外で活躍してもらう**」ことを支援するのが企業としての「出口」整備です。

会社が勝ち残り、企業として存在し続けるためには、世の中に対して何らかの価値提供をし続けて、人々から好感をもって受け入れられなければなりません。そのためには世の中にファンを増やすことが必要不可欠となります。広報、広告によって企業は自社のファンを拡大する努力をするのですが、なんといっても最大のファン候補は従業員なのです。

従業員は正社員、パート社員、アルバイトなど勤務形態のいかんに関わらず、勤務時間が終わって一歩会社から外に出れば生活者（＝世の中の人々）に戻り、歩く広告塔になるのです。会社にもっとも近い従業員をファンにできずして、会社から遠い距離にいる人をファンにすることは難しいでしょう。「ＣＳ（顧客満足）の前にＥＳ（社員満足）」という言い回しも、そのような考えから出てきているのです。

創業社長はこの「組織からの出口」場面においても、深刻なミスマッチ状態になっている従業員に対して、誠心誠意、一対一での話し合いの場を持ちます。「自分自身の目と耳と感性を総動員し、最終的には自分の勘によってその候補者に賭けた」のですから、社長にとってそれは当然の行為なのです。たとえ退職が避けられないとしても、採用した自分の責任として、よい関係（当社ファン）のままで別れる（＝退職してもらえる）ように話し合いを行うわけです。

ところが、ここでも形式的な書類処理による退職者対応がなされるようになりました。日本の大手企業では長期雇用慣行があったため、途中で会社を去ることを良しとしない風潮ができあがっていました。そのため、定年退職と結婚退職以外の「自己都合」および「会社都合」による退職は、あまり人目に触れないように扱われる傾向がありました。特に「自己都合」による退職の場合は「途中離脱者」「裏切り者」と見なすことも多く、退職後、その組織を気軽に訪ねることは難しく、「出戻り」などまず考えられないことでした。「自己都合」による退職は人事によって人知れず書類処理されて、その退職者は他の社員に気づかれないように会社から去っていくといった状態が一般的でした。こうして、外資系企業を除いて「組織からの出口」については、まったくといってよいくらい整備がなされないままに一九九〇年代を迎えることになったのです。

バブル経済がはじけ、都市銀行や大手証券会社の破綻が現実問題となって初めて、日本企業でも「出口」に関する制度設計が意識されるようになりました。しかし、このときに多くの日本企業が行ったことは、人事部を窓口とするアウトプレースメント（再就職支援）会社への丸投げでした。「出口」についての経験不足と制度不備が重なって、直接自らは手を染めずにアウトプレースメント会社に投げて全面的に実施を任せるといった事態が頻繁に起こったのです。各職場の問題を確認しないままの研修外注と同じように、ここでは、社員の個別事情を「聴く」という重要な個別対応の場面さえ、出口請負業者に外注するというありさまでした。さらには、「キャリアコンサルタント」に名を借りた首切り請負業者に「出口」を任せた結果、人事の「（退職者の）数値目標」は達成したが残った従業員の士気と倫理観が共に下がって不買運動が起き、業績がさらに下がるというケースさえあったようです。これなど退職社員を敵に回してしまった典型例といえるでしょう。

大雑把に、「採用」「定着」「退職」の三つの場面を見てきましたが、それぞれの場面で、個々人に対して一対一の個別対応を行っていた創業社長の精神が抜け落ちて、形式化された仕事の仕方が「人事」部で行われるようになっていったのです。

「人事」仕事を本来の「社長マター」に戻す

「出口」整備が緊急の課題として浮上してきたことと相まって、経営に役立つ人事といったニュアンスで、戦略人材マネジメント（Strategic Human Resource Management=SHRM、シャーム）という言葉が流行りました。そして、その考えから、かなり経営寄りで、現場の意向を考慮に入れない成果主義が多くの企業で短期間のうちに導入されました。その結果は、見事なまでに混乱が引き起こされ、「成果」の高・低にかかわらず、総じて従業員の士気を下げてしまい、大手企業の内部混乱を暴露する本が刊行される事態にまで至りました。企業再生の切り札として鳴り物入りで導入された成果主義でしたが、現場の支持を得ることができず短期間で大幅な改善を余儀なくされてしまいました。

企業規模が拡大していれば、人事部に創業社長と同じ動きができるはずもありませんが、現場でその動きを継承するにはどうすればよいか、ということに対する気配りは必要です。成果主義という制度の導入を急ぎすぎてその配慮を怠ったことが問題を大きくしたのではないでしょうか。人事部メンバーはまず各現場に足を運び、各現場で起こっている人と人との関係性にアンテナを上げ、各現場で行われているマネジメントの特徴を把握して、「社員の定着（組織での滞在）」における人材開発とチームづくりを推進するために、現場リーダー（部門長たち）を支援するフィールドワークに時間とエネルギーを割くべきなのです。その活動によって、人に関する社長マターが各現場リーダーを通して実現される可能性が高まるのです。

急ぎすぎた導入によって成果主義が失敗し、再び人事部不要論がくすぶり始めている今こそ、人事部の本質を本来の社長マターに戻すべきです。

「教育研修」の特徴を生かした「人事」の活性化

その場合、会社規模によって人事制度全般を担当する「全社人事」の機能も必要にはなりますが、基本的に人事部のメンバーは現場支援型のフィールドワークを本務と考えるべきでしょう。現場での「人と組織に関する問題解決」を支援する立場を鮮明にして、部門長などの現場リーダーの業務支援を行うことを主業務とするわけです。最大の顧客は部門長などの現場リーダーということになります。これは、少なくとも二〇〇〇—三〇〇〇名規模の会社なら可能でしょう。

ここで、本来の「教育研修」機能の重要性に気がつきます。なぜなら、この現場リーダーを支援する仕事は「企業業績を高められるように、個々人をさらにブラッシュアップする」人材開発機能によってもたらされるからです。その意味で、「教育研修」セクションが講師手配・研修委託型の不活性な状態であることには大いに問題があるのです。もっとも現場支援型の仕事スタイルを実現しやすいのはこの「教育研修」機能ですから、まずこの「教育研修」セクションがどれだけ早く現場支援型のフィールドワークスタイルを取り戻せるかが重要な一里塚なのです。

研修事務局からフィールドワークスタイルに戻った「教育研修」セクションが、「制度屋人事」に刺激を与えて「人事」部全体を現場支援型の「社長マター」の実行スタイルに戻すことが重要な手順となるでしょう。それによって、「人と組織に関する問題発見と解決」の現場リーダー（部門長など）への支援体制が整います。個別対応を基本とすることで、一般社員からそっぽを向かれることもなくなるでしょう。一般社員と現場リーダーの士気に働きかけることができる状態をつくれるなら、それは間違いなく経営のベストパートナーとしての「人事」部のポジション獲得につながります。なぜなら、経営がもっとも必要と考えているのが、社員のやる気の結集だからです。

物語の概要と各章のポイント

本書の物語の舞台は、経済環境の激変の影響を受けて業績が急激な下降傾向をたどるなか、成果主義の人事制度や早期退職優遇制度によって、社内に疑心暗鬼が生まれ始めている従業員数二三〇〇名の財閥系エンジニアリング会社「ナップス」社です。会社は顧客の潜在ニーズを探り出して解決策を提案するソリューションビジネスを標榜していますが、管理職のマネジメントスタイルが従来の「指示命令型」スタイルを脱しておらず、ソリューションビジネスで必須の「部下支援型」スタイルに転換しきれていない状況が続いています。そして、このまま推移すれば、数年のうちに赤字転落が確実だと、経営陣は危機感を募らせています。

この状況を受けて、社長から人事部長を委嘱された取締役の山口達郎は、社内の人心に働きかけることを通して会社全体を〈燃える集団〉に変え、そのエネルギーによって業績の急激な下降傾向に歯止めをかけようと決意します。そして、この人事部発の会社変革活動を従来型の「やらせ」対「やらされ」型ではないものにしたいと考え、人材開発機能を利用することを思いつきます。

しかし、ナップスの人事部は典型的な「制度屋人事」と「研修事務局」によって構成されています。そこで、まず人事部改革の第一弾として、人材ビジネス業界からスカウトしてきた女性（矢澤久美子）を人材開発グループ長に据えて全社への現場支援活動を開始します。つまり、会社変革の突破口を「新生の人材開発」に求めたわけです。

矢澤は仕事上のメンターでもある夫（佐々木洋一）との会話を通して自分のすべきことを整理しながら、人事部長山口の期待に応えるべく、いくつかの施策を導入していきます。そして、そのプロセスを通して典型的な「制度屋人事」の谷川次長に変化するきっかけを与えることに成功します。ただ、谷川次長の変化の陰にはメンター的存在である山口の影響が大きいことがはっきりし、人は年齢や性別や役職に関係なく、メンターの影響を色濃く受け、メンターによって成長が促進されることが示されます。変化の激しいこの時代に、人が自分の成功体験を肯定的にとらえたうえで、今までにない仕事領域を新たに切り拓き、自分の仕事スタイルを再構築していくために、信頼できる人物（メンター）との会話には何物にも代えがたい重みがあります。

このように、矢澤久美子のスカウトによって現場支援型の人材開発機能が復活し、それを通して全社活力を引き出しながら人事部内の「制度屋人事」を打ち破り、そのプロセスを通して、まず人事部全体が現場支援型の組織に変化し始めます。

社内から「人事部は頼りになる（部門長）」「人事部は細かい現場問題の相談にも乗ってくれる（管理

職）」「人事部は我々の味方かもしれない（一般社員）」「人事部が変わった（労働組合）」という評判が出始めたのと並行して、それまで立ち寄りたくない場所のナンバーワンであった人事部に相談をしにやってくる管理職が増え始め、管理職のマネジメントスタイルも「指示命令型」から「部下支援型」へと現場レベルで変化を見せ始めます。そして、それにつれて現場の上司・部下間の会話も増加し、次第に顧客最前線にしかない潜在ニーズを、管理職が部下の何気ない会話から嗅ぎ出すことも可能となり、ソリューションビジネスの成功にとって必須の条件であるマネジメントスタイルの転換が起き始める様相を呈します。

物語は約一年半という期間のなかで以上のような展開を見せ、企業の組織風土が少し変化し始めたところで終了します。ダイナミックな展開はこれからというところですが、**企業組織風土を変化させていくには、その前段階の目に見えにくい準備がとても重要**になります。そして、その準備が必要な段階で、「人事」が悪気なくブレーキになっていることが多いのも事実です。

本ストーリーは、企業の組織風土改革の前に「人事」部門がなすべき準備に焦点を当てています。この準備部分がうまくやれないかぎり会社変革はほぼ間違いなく失敗に終わるでしょう。その意味で、**変化しなければならない企業が本当に変われるかどうかは、「人事」部門の見えない動きにかかっているとも**いえます。「人事」の仕事を早く社長マターに戻すことが必要なのです。

なお、ストーリーの全体像を理解しやすくするために、「図表序－1」にキーワードとそれを扱っている章番号を示し、さらに各章ごとのポイントを以下に挙げます。また「図表序－2」に主な登場人物の紹介と関係を示しました。

第1章　女性人材開発グループ長の着任――人材開発グループ長（矢澤久美子）の外部からのスカウトの経緯を見たうえで、山口取締役兼人事部長の経営者としての信念、着任した矢澤人材開発グループ長の「人と組織」への思い、そして「制度屋人事」の典型である谷川人事部次長の仕事スタイルを対比的に示します。また、矢澤久美子と佐々木洋一との会話を通して、女性がバランスよく仕事をしていくうえでの「メンター」の存在価値を示します。

第2章　人事部とは何をする部署なのか？――矢澤グループ長と谷川次長の対話を通して、現場支援型である「人材開発」の考え方と「制度屋人事」の基本的な考え方の違いを示し、「人事」に求められる究極の三つの役割を解説します。

第3章　個別インタビューによる課題抽出――現場支援型の人事部としてまず行うべき現場インタビューの必要性と実施方法について具体的に述べたうえで、その実施により得られたナップスの問題点、およびその問題点の潰し方を見ていきます。また、「成果主義」の問題点を検討して「人事」としてどう対処すべきかを論じます。

第4章　半年間の振り返り――矢澤が行った社内活動の要点を振り返り、要員育成責任の意識を高める部門長巻き込みミーティングについても解説します。

第5章　〈プロセス成果主義〉へのキックオフ――ソリューションビジネス成功のカギになる管理者行動の転換を目指し、全社の管理職を対象とした「キャリアマネジメント・ワークショップ」と「マネジメント勉強会」について具体的・詳細に記述します。この施策によって、何がどのように変化する可能性があるのか、ということの検証を試みながら、読者の企業での展開を容易にする材料を提供します。

第6章　上司は重要なメンター——仕事のやり方を変えていく際の「人の関わりの重要性」について述べます。テーマはメンタリングです。「制度屋人事」の典型であった谷川次長が実質的な「メンター」である山口取締役の関わりによって心を動かされるさまを描き、個人および組織の変革にとってのメンタリングとエンパワメントの重要性を示します。

第7章　谷川人事部次長の変化——ナップスの「制度屋人事」が現場支援型に仕事スタイルを変えるときに経た変化点について論じます。具体的には、RJP（現実的な仕事情報の事前提供）による採用業務の質的向上（組織への入口）、社内ジョブチャレンジによる活性化効果と若手社員の流出防止策にもなる社内キャリアカウンセリング制度の導入（組織での滞在）、導入に失敗していた早期退職優遇制度のソフトランディング方法、退職技術者との戦略的外部ネットワークづくり（組織からの出口）などです。

第8章　経営のベストパートナーとしての人事部に向けて——「人事」仕事を「社長マター」に戻すことを通して、いわゆる「成果主義」がはらむ「人をないがしろにする」危険性を回避できることを、動き始めたナップスの事例に基づいて解説し、経営にとっても社員にとってもベストパートナーとなりうる「人事」のあり方を探ります。併せて、成長実感のあるプロセス評価が「行為の再現性」の自己評価によってなしうることも解説します。

の）「変革の準備」

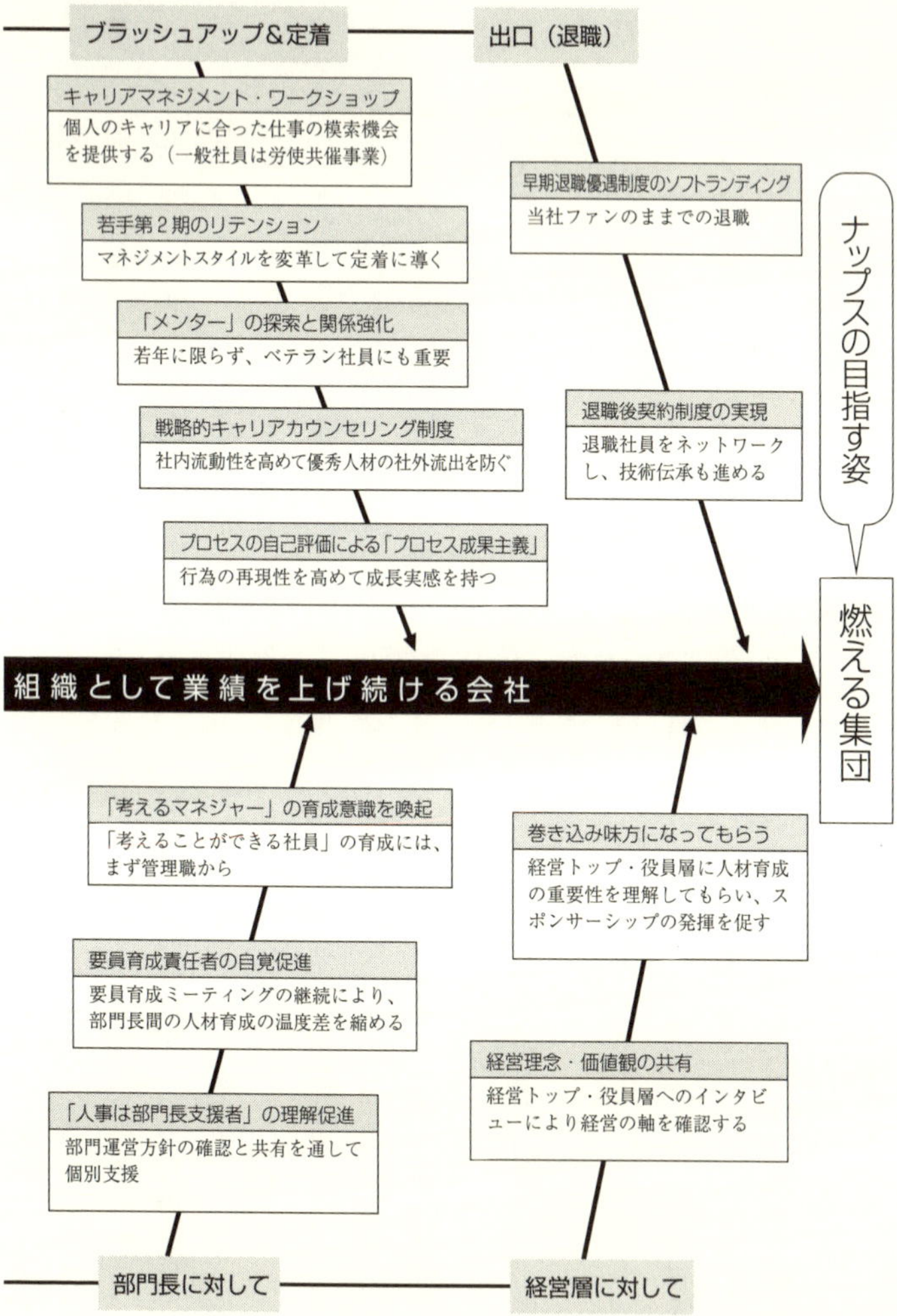

ブラッシュアップ＆定着
キャリアマネジメント・ワークショップ
個人のキャリアに合った仕事の模索機会を提供する（一般社員は労使共催事業）
若手第2期のリテンション
マネジメントスタイルを変革して定着に導く
「メンター」の探索と関係強化
若年に限らず、ベテラン社員にも重要
戦略的キャリアカウンセリング制度
社内流動性を高めて優秀人材の社外流出を防ぐ
プロセスの自己評価による「プロセス成果主義」
行為の再現性を高めて成長実感を持つ
出口（退職）
早期退職優遇制度のソフトランディング
当社ファンのままでの退職
退職後契約制度の実現
退職社員をネットワークし、技術伝承も進める
ナップスの目指す姿
燃える集団
組織として業績を上げ続ける会社
「考えるマネジャー」の育成意識を喚起
「考えることができる社員」の育成には、まず管理職から
要員育成責任者の自覚促進
要員育成ミーティングの継続により、部門長間の人材育成の温度差を縮める
「人事は部門長支援者」の理解促進
部門運営方針の確認と共有を通して個別支援
部門長に対して
巻き込み味方になってもらう
経営トップ・役員層に人材育成の重要性を理解してもらい、スポンサーシップの発揮を促す
経営理念・価値観の共有
経営トップ・役員層へのインタビューにより経営の軸を確認する
経営層に対して

●図表　序－1　ナップスで人事が取り組んだ（または取り組む予定

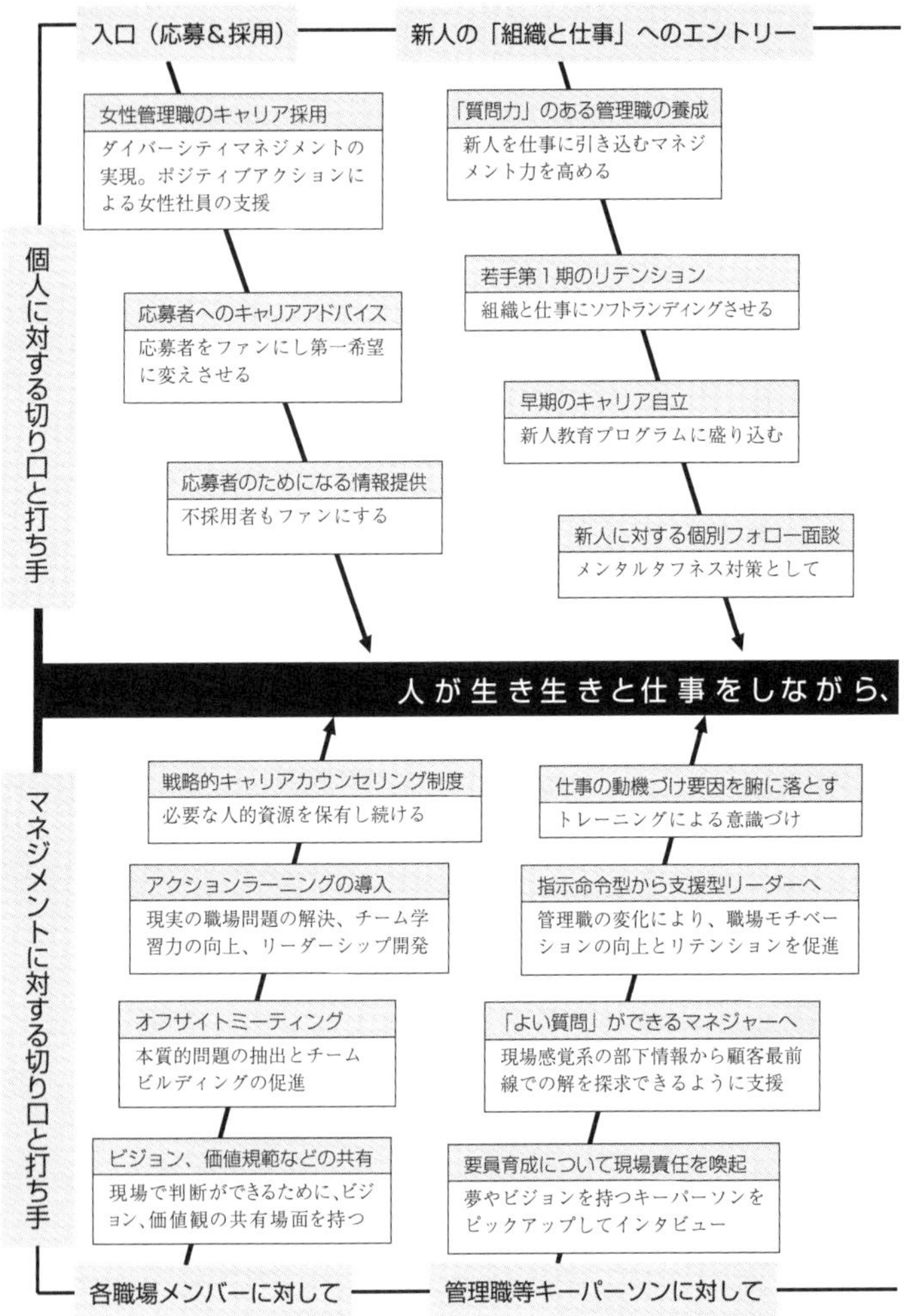
入口（応募＆採用）
新人の「組織と仕事」へのエントリー
個人に対する切り口と打ち手
女性管理職のキャリア採用
ダイバーシティマネジメントの実現。ポジティブアクションによる女性社員の支援
応募者へのキャリアアドバイス
応募者をファンにし第一希望に変えさせる
応募者のためになる情報提供
不採用者もファンにする
「質問力」のある管理職の養成
新人を仕事に引き込むマネジメント力を高める
若手第1期のリテンション
組織と仕事にソフトランディングさせる
早期のキャリア自立
新人教育プログラムに盛り込む
新人に対する個別フォロー面談
メンタルタフネス対策として
人が生き生きと仕事をしながら、
マネジメントに対する切り口と打ち手
戦略的キャリアカウンセリング制度
必要な人的資源を保有し続ける
アクションラーニングの導入
現実の職場問題の解決、チーム学習力の向上、リーダーシップ開発
オフサイトミーティング
本質的問題の抽出とチームビルディングの促進
ビジョン、価値規範などの共有
現場で判断ができるために、ビジョン、価値観の共有場面を持つ
仕事の動機づけ要因を腑に落とす
トレーニングによる意識づけ
指示命令型から支援型リーダーへ
管理職の変化により、職場モチベーションの向上とリテンションを促進
「よい質問」ができるマネジャーへ
現場感覚系の部下情報から顧客最前線での解を探求できるように支援
要員育成について現場責任を喚起
夢やビジョンを持つキーパーソンをピックアップしてインタビュー
各職場メンバーに対して
管理職等キーパーソンに対して

（注）丸数字は項目を取り扱っている章の番号。丸数字のないものはこれからの課題

●図表　序－2　主な登場人物（関係図）

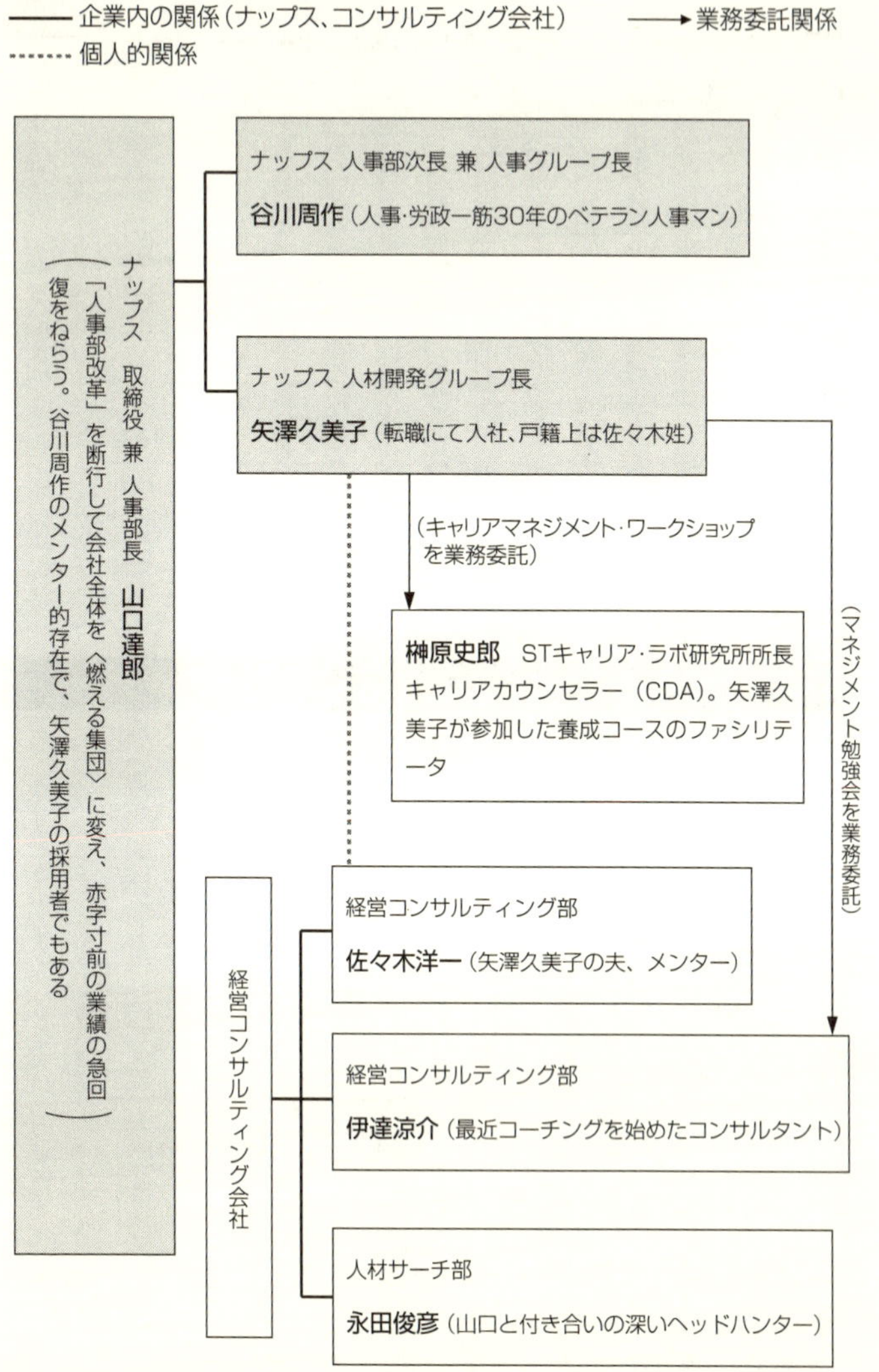

企業内の関係（ナップス、コンサルティング会社）
業務委託関係
個人的関係
ナップス　取締役　兼　人事部長　山口達郎
（「人事部改革」を断行して会社全体を〈燃える集団〉に変え、赤字寸前の業績の急回復をねらう。〈谷川周作のメンター的存在で、矢澤久美子の採用者でもある）
ナップス 人事部次長 兼 人事グループ長
谷川周作（人事・労政一筋30年のベテラン人事マン）
ナップス 人材開発グループ長
矢澤久美子（転職にて入社、戸籍上は佐々木姓）
（キャリアマネジメント・ワークショップを業務委託）
榊原史郎　STキャリア・ラボ研究所所長
キャリアカウンセラー（CDA）。矢澤久美子が参加した養成コースのファシリテータ
（マネジメント勉強会を業務委託）
経営コンサルティング会社
経営コンサルティング部
佐々木洋一（矢澤久美子の夫、メンター）
経営コンサルティング部
伊達涼介（最近コーチングを始めたコンサルタント）
人材サーチ部
永田俊彦（山口と付き合いの深いヘッドハンター）

第1章　女性人材開発グループ長の着任

第一印象

「こんにちは！」

六月三十日㈬の午後四時。にこにこした笑顔と明るい声であちこちに挨拶しながら日本アドバンスト・プロセスシステム・ソリューションズ株式会社（NAPSS社＝略称：ナップス）の五階のオフィスに入ってきたのは、転職して明日から社員になる予定の矢澤久美子だった。出社日は七月一日なのだが、前日に打ち合わせのために来てほしいという会社側の希望で訪問してきたのだ。夕方のフロアには多くの社員がいたが、ザワザワと話し声がするわけでもなく、人が動き回っているわけでもない。ただパソコンを打つカシャカシャという音だけが響いていて何となく活気のない静かなフロアである。

「はじめまして！　明日、入社予定の矢澤久美子です。どうぞよろしくお願いします」

矢澤はゆっくりと歩きながら、机でお茶を飲んでいる年配社員や通路にある丸テーブルで資料を広げている若手社員に笑いかけながら挨拶をするのだが、ほとんどの社員は返事をせず会釈くらいで済ませ、直接目が合った者だけが、「あ、こんにちは」と伏し目がちに小声で挨拶を返してくる。

矢澤久美子という女性が七月一日付で人事部に配属され、同時に人材開発グループが発足することは、異動通知で二週間前から周知されていたので、ちょっとした話題になっていた。しかし、幹部社員を除いて部外者がめったに来ないこのフロアでは、見知らぬ来訪者に対して戸惑ってしまう人が多いのだろう。決して歓迎していないというわけではないのだが、誰ひとりとして「あなたが矢澤久美子さんですか。お会いするのを楽しみにしていました！」という歓迎の気持ちを積極的に表明する人はいなかった。

もう一〇人以上には声をかけただろうか。訪問客に慣れている人は少ないなと矢澤は思った。ただ、敵意のある目を向ける者がいないことは救いだった。人と対応する仕事を長く続けてきた矢澤は、敵意ある目の有無を敏感に感じることができる。それがないことに少し安心し、きっと人見知りをする人が多いのだろうと結論づけた。しかし、今までいろんな会社に出入りしてきたが、来客に対して悪気なく、しかもこんなに反応の薄いオフィスもいまどき珍しい。明日から自分はこの会社で何をすべきなのだろうか、と矢澤は考え始めていた。

NAPSS（ナップス）

矢澤久美子が転職した日本アドバンスト・プロセスシステム・ソリューションズ株式会社（＝NA

ＰＳＳ、略称：ナップス）は、生産から物流に至る顧客の業務効率化を支援するソリューションビジネスを標榜しており、経理システムや人事システムをはじめとする業務全般のシステムの構築、生産ラインに組み込むコンピュータ制御システムの構築、各種の計測・検査装置の開発やシステム化などを主な業務としている。ナップスはもともと財閥系の大手重機械メーカーの子会社として漢字の社名で発足したのだが、Ｍ＆Ａにより業務範囲を広げた結果、現在、社名もカタカナ表記に変更して約二三〇〇名の従業員を擁する、生産現場系の情報処理技術を特徴としたエンジニアリング会社となっている。

問題解決については顧客の事情や要望を基本にするので、ラインに組み込むコンピュータも多様なメーカーのものを使うし、非破壊検査や超音波探傷などの検査装置もその都度、仕様変更を行ったり、顧客の現場事情に合わせて各種メーカー品と適合させながら一つのシステムとして組み上げてゆく。そういう意味で、制御系の情報処理技術をコア・コンピタンスとする企業なのだが、世界中から調達してきた部品やシステムを組み合わせて顧客仕様にカスタマイズすることによって付加価値を高めて販売する、いわゆるエンジニアリング企業なのである。

〈日本橋〉

東京・日本橋にあるこのビルの五階は、人事、総務、経理、経営企画、法務、資材購買、マーケティングなどの本社管理部門がテナントとして集中入居しており、他部署からは〈日本橋〉という総称で呼ばれている。これは管理部門の総称という意味だけではなく、仕事の仕方が一律一方的で官僚的だという揶揄《やゆ》も込められていて、社員の間ではあまり近づきたくない場所だとされている。今年初めに人事部が早期退職優遇制度を導入したのだが、そのときにも他部署では「また〈日本橋〉が現場に事前の相談もなく変な制度を入れたらしいけど、早期退職なんて俺たちには関係ないよな」という声があちらこちらでささやかれていた。つまり、親しみにくく、何かといえば理解できない制度やシステムを導入する、自分たちからは遠い本社機構、というあまりよくない意味で、誰が言いだすともなく社内の通称となっているのだ。

その〈日本橋〉にいるメンバーは、自分たちがそう呼ばれていることを知ってはいるのだが、特にそれについてどうしようという話し合いが持たれたこともないし、何とかしなければならないと言い出す者もいなかった。せいぜい、喫煙ルームの世間話として、「このあいだ出張先で、『どうせ、お前らは〈日本橋〉なんだから』と、また言われちゃったよ。好きでここにいるわけじゃないのに、まったく嫌になるよな」という、冗談とも本気ともつかない会話が交わされる程度である。

矢澤久美子の採用

矢澤は反応の薄い人たちの間をそれでもにこにこしながら通り過ぎて人事部長席まで来ると、書類を整理していた山口達郎に声をかけた。山口は取締役なのだが、この春から人事部長を委嘱されたこともあって、最近は人事部長席にいることが多い。

「山口取締役、ごぶさたしています。矢澤久美子です。四月の面接ではお世話になりました。出社前日の打ち合わせということで参りました。どうぞよろしくお願いします」

「やぁ、矢澤さん、ようこそ。お待ちしていました。業務の引き継ぎは順調にいきましたか？」と山口は机の前に置いてあった椅子を矢澤に勧めた。

「はい、ありがとうございます。おかげさまでトラブルもなく、先週まで引き継ぎとあいさつ回りを済ませました。まだ家の中は会社から送り返した書籍と個人資料入りのダンボール箱でごった返していますが、一―二週間もあれば少しは片づくと思います」

「それはなによりです。矢澤さんのような方が本当に円満退社してうちに来てくれるのか、ぼくは心配していたのです。強烈な引き留めがあったのでしょう？　ヘッドハンターの永田さんからそのように聞いていたので、実は気が気じゃなかったのですよ。うちもおたくからは優秀な人材を大勢お世話してもらっていますから、揉めるのはお互いに得策ではないしね」

「ええ、引き留めは確かにありました。でも、人材ビジネス業ですから、人の流動については最終的には仕方がないと考えて決着する風土があるんです。特に今回は同業他社にいくわけではなく、ある意味、お客様のところに移るようなものですから、揉めごとにはなりません。ご心配をおかけしましたが、先週末にきちんと円満退社ということになりましたのでご安心ください。早くナップスの雰囲気に慣れて、こちらでよい仕事ができるようになりたいと思っています」山口の不安を吹き飛ばすように、矢澤はにこにこして答えた。

「それを聞いてほっとしました」体育会系はさすがに割りきりがよいなと山口は思う。

「さて、面接のときにも話していたことですが、ぼくとしては会社変革のスピードを上げたいのです。それはやまやまなのですが、『変化』は人の気持ちや感情に影響を与えるので、あまり無理はしたくないということもあって悩ましいところなのです。矢澤さんにもガンガンやってもらいたい半面、あまり飛ばしすぎないほうが、かえってうまくいくかもしれないとも思っているのです」

「おっしゃる通りかもしれませんね。私もご相談させていただきながらやっていきたいと思っていますが、ナップスのことを知らなければ何も考えられませんので、まずは皆さんにいろんなことをお聞きして回りたいなと……、そんなふうに考えているのです」

「確かにそうですね。その辺りからやってもらえればよいかなと思っています。ヒアリングだけでも、かなりの時間が必要だと思いますが、ぜひよろしく頼みます」

山口は技術者が八割を占めるナップスにはない明るさとエネルギーを、この矢澤久美子という女性に感じていた。それは採用面接での第一印象でもあった。

まず何といっても笑顔がいい。笑顔のよい人間はよい意味で自分に自信を持っているのだと山口は思っている。いわゆる「ベーシック・トラスト（子供のころに培われた親への信頼感）」から派生している、他人に対する心のゆとりや懐の深さなのだろう。相手の気持ちを和ませるゆったりと心地よいものがある。そして、押し付けがましくなく、しかも自分の考えをはっきりと言うところがまたよい。このあたりは、仲介してくれたヘッドハンターの永田俊彦に事前に聞いてはいたが、実際に会ってみると、その期待以上のものがあった。職務経歴書を一読した段階でナップスに欠けているものを補ってくれるのではないかという期待を持ったが、会ってみてそれが確信できた。特にこれからやろうとしている人事部の改革を通した会社変革には、矢澤久美子のキャリアと人を和ませるキャラクターが必要だと直感し、他の候補者と比較することなく採用することを決めたのだった。

谷川周作との顔合わせ

「それでは、今日来ていただいた目的になりますが、今後の打ち合わせも兼ねて、次長の谷川さんを紹介しましょう。谷川さんのことは確か、採用面接のときにお話していましたよね」

「ええ、人事のベテランだとお聞きしました。そういう方がいらっしゃると頼もしいですね」

「まあそうなんですがね……」と苦笑いしながら、山口は近くにある四人掛けの打ち合わせテーブルを矢澤に示してから谷川周作を呼んだ。

「谷川さん、ちょっといいですか。矢澤さんを紹介しておきます。明日、谷川さんが大阪出張で不在なので、今日、打ち合わせに来てもらいました。今日の件はこのあいだ言いましたよね」

山口は社内の人を呼ぶとき、役職で呼ばずに「さんづけ」で呼んでいるらしい。採用面接のときに、同席した人事部の若手担当者に対しても「さんづけ」しているのを聞いて、矢澤は役職に関係なく対等に接しようとする山口に好ましい印象を持った。

「お待たせしました、谷川です。お噂は山口さんから聞いています。どうぞお手柔らかに」谷川はやや固い表情で挨拶をしてから、矢澤の正面に腰を下ろした。

「はじめまして、矢澤久美子です。どうぞよろしくお願いします。お手柔らかにだなんて、困ります。

まだ入社してもいませんし、ナップスのことはほとんど何も分かりません。勉強しなければならないことだらけなんです。谷川次長は人事のベテランと伺っています。人事制度などについて教えていただきたいと思っています。私は制度についてはあまり詳しくないものですから」

谷川周作は五二歳という年齢の割には白髪が多いが、きりっとして端正な顔立ちをしていた。クールな表情で相手を見ながら、人差し指で縁なしメガネの中央を押し上げてしゃべる。もう少しにっこりしてくれれば、とてもよい印象になるのになと思ったとき、矢澤の答えたこととは無関係に谷川が話し始めた。

「人材開発グループをつくって人材育成に力を入れることは、私も山口さんが言うように必要だと思っています。人材育成については、これまでは私も階層別やランクアップの研修を担当してきましたが、せっかく用意した研修をありがたく思わない社員が多いのです。受講者は、研修会を食事と懇親会目当てのまるで息抜きの場だと思っているようだし、上司は上司で、この忙しいのに研修で抜かれたら困ると毎回のように文句を言います。まるで人事部が要らないことを押しつけているような言い方でまったく嫌になりますよ。部下の能力開発を忙しい彼らに代わってやっているのに、ですよ。他社では研修というのはうまくいっているのですかね」

「確かに集合研修については、どの会社でも同じような悩みを抱えています。それで、多くの企業では階層別研修を減らしたり、やり方を変えたりしているようです」

「やはりね。こういうのはまったく割に合わない仕事だと思っていたところなので、私としても助かります。うちの社員は真面目な連中が多いから、きっと鍛え甲斐がありますよ。私は社員教育はあり得意じゃないので、矢澤さん……でしたよね、あとはよろしく頼みます」と、谷川はほとんど表情を変えずにしゃべって、またメガネの中央を人差し指で押し上げた。

「谷川次長は研修もご自分でおやりになっていたのですか。制度づくりと研修運営の両方だなんて、すごいですね。私なんて片一方だけでも精一杯でした。ぜひ学ばせてください」と矢澤は驚いたように大きな瞳で谷川を見つめたまま答えた。

「いや別に大したことはありませんよ。自分でやっていたのは一部だけで、大部分は社員か外部講師に依頼をしてやってもらっていたから。山口さんからは、もっと自分から各職場や研修会場に行って社員としゃべってこいと言われてはいるのですが、忙しく、なかなかそうもいかなくてね」

山口のほうをチラッと見ながら、谷川が少し表情を緩めたように矢澤には見えた。

「それはそうでしょう。全社に関わる人事制度づくりは大変なお仕事ですから、お忙しいでしょうし、気苦労も多いのじゃないかと思います」矢澤は頷きながら谷川に答えている。

「まあね、しかしこれで私も配置と評価制度のほうに専念できるので助かります」

「谷川次長にご迷惑をおかけしないように、まずはナップスに慣れるのが先だと思っています。いろいろ教えてください。どうぞよろしくお願いします」

「ああ、分からないことがあれば聞いてくれたらいい」

ふたりのやり取りを横で静かに眺めていた山口が、頃合を見計らったように話を引き取った。

「谷川さん、まあそういうことで矢澤さんが来てくれることになったので、人材開発のほうは彼女を中心にやってもらうことにはなりますが、前から言っているように人事制度と人材開発は一体不可分ですから、谷川さんには人材開発グループの動きをリアルタイムにつかんでもらい、矢澤さんも人事グループの考え方から外れないように、二人でよく相談してうまく整合性をとってやってもらいたいと思っています。経営戦略に沿った形で、『人事諸制度』と『現場の人・組織の動き』を融合させて、成果を上げやすい組織を作ることが人事部としての最大の目的なのです。制度づくり屋の人事部から経営戦略を実現するためのアクティブで頼りになる人事部になれるのか、人事部は変われるのか、が問われているんですよ。具体的なことは、これから相談しながら、しかしスピードは上げてやっていってもらいたいと思っています。お二人ともしっかり頼みますよ」

「ええ、がんばります」と矢澤が目を輝かせながら答え、

「そうですね」と谷川が軽く頷きを返して、二人の初顔合わせが終了した。

そのままちょっとした雑談の後、矢澤が今までの人事部の動きを知りたいと谷川に言ったのを機に山口は席を立ち、人事部長席に戻って打ち合わせテーブルの二人を眺めながら今後の人事部について思いをめぐらせた。

山口取締役の思い――制度屋人事の仕事スタイルが改革のネック

人事部がフットワークをもった現場型に変われないネックは、歴代の人事部長の問題というよりは実務を取り仕切ってきたベテラン次長の谷川周作にあると山口は見ている。谷川は仕事への取り組み

は真面目で、案件を積み残すということはまずない。にこやかさと柔らかさに欠ける面はあるにしろ、部下への指示も的確でミスがなく、日常のルーティン業務に関しては部下からも上司からも信頼感は高く、制度づくりなどの企画や書面作りにも長けている。つまり、仕事の処理能力が高いことは間違いない。

しかし、ルーティンの仕事処理能力の高さだけでは、業績が下降しているナップスの会社変革を人事の側面からドライブをかけ、経営戦略を現場に落とし込んで動きを演出する〈燃える集団〉づくりのスタッフとしてはどうにも弱い。人や組織に直接働きかけてモチベートしていくことに積極的でないところに歯がゆさを感じる。

今年初めに導入した早期退職優遇制度（年一回募集）も、グループ他社から情報収集して制度を企画するところまではよかったのだが、そのあとの導入・運用のところがうまくやれず、結局、会社全体に納得感がないまま今日に至っている。それが証拠に、あちこちから批判めいた声が上がってきており、〈燃える集団〉づくりどころか、逆に士気が下がる要因をつくってしまう結果になっている。経営側の心や導入の背景を現場で理解してもらうことなしに制度が導入されてしまったのだから、うまくいくわけがない。四月に人事部長を委嘱されたあと、この早期退職優遇制度について谷川と何度か話し合いをしたが、どうにも埒《らち》が明かない。一回目の募集では結局、応募者がゼロという状態だったこの制度、今後どうしたものか。

この早期退職優遇制度は、緊急性のある施策としてではなく、年金の支給繰り延べという国の台所事情も勘案したうえで、できるだけ早くから社員の自立心を高めることを支援し、年金が満額支給となる六五歳まで社内および社外でよい仕事をしてもらおうという趣旨で導入したはずであった。実際ナップスでは、今までにも定年前に退職した技術職社員と外注契約を結んで、協力会社とは別の外部ネットワークとして機能させている事例もいくつかある。今後はそれをもっと意図的に進めて、個人のプロ化をさらに強力に促進しながら会社を身軽にし、個人と会社の多様な関係の中でお互いにプラス点を見出そうという発想のもとで導入したはずであった。

谷川周作は大学を出てから三〇年、今年で五二歳になるはずだ。ナップスに出向してくるまでは、親会社である財閥系の大手重機械メーカーで人事・労政を二〇年近くやってきており、いわゆる人事の本流といわれる仕事を経験してきた人物だ。山口がその親会社の人事部にいたとき谷川が部下だった関係で、山口は谷川の仕事スタイルをほぼ把握していた。その後、親会社の事業再編にともなって谷川がナップスに出向して今年で一〇年。途中、親会社の退職清算もしたので今ではナップスのプロパー社員になっているわけだが、数万人規模の親会社にいた頃の「制度屋人事の仕事スタイル」がまるで変わっていないように山口には思える。各職場に出かけて行くことがあっても、担当者と直接会話せず管理職としか話をしないので、現場での真の問題を浮き彫りにできず、**制度を導入した後で何かと揉めることが多い**のだ。

プロダクト・アウトでモノが売れていた時代の親会社でなら、人事制度と経営戦略が多少ずれていたところで大して問題にはならない。もともと日本では、賃金制度が個別企業の経営戦略と関係なく社員の生活保障給として存在していたように、人事制度は経営戦略とはほぼ無関係に存在していたのだから。

しかし、バブルが崩壊して、儲ける仕組みが不安定になってすでに二〇年近くが経過しているうえに、ナップスはモノづくりの要素は残しながらも、実際に製造工場を持ってモノをつくっている製造業ではない。顧客最前線で顧客の背景事情を理解しながら、顧客ニーズをイメージして提案によって商売のネタを生み出すソリューション（問題解決）型のビジネスを展開しているのだ。社員がその仕事スタイルを深めて業績をあげ、企業としての成果につなげられるように人事の側面からドライブをかけていくには、まず人事部員自体が現場に出かけていって、個人や各職場の問題、課題、要望を把握して、その解決のための施策を生み出す支援をしていかなければならないのだ。

ところが、当社の人事部はまだそういった現場型人事のスタイルに脱皮できずにいる。というよりも、谷川が旧来の「制度屋人事の仕事スタイル」を変えないために、人事部自体が自己変革できずに今日に至っているのではないか、と山口には思えるのだ。

短期で成果を出していかなければ市場で生き残っていけない今の時代、経営戦略と人事制度との間に大きな乖離があると人事部の弊害が取り沙汰される。巷《ちまた》では成果主義人事制度の大失敗を取り上げて、再び人事部不要論が語られてもいる。新卒で親会社に入社したとき山口は電気工学出身の技術者だったのだが、セールスエンジニアを経て人事に転じてからすでに通算一五年近くを人事畑で過ごし、人事の組織貢献を何とか明確に示したいという思いを持つようになっていた。そしてこの春、人事部長を委嘱されたことで、少ないながらも利益を計上できているこの機に人事部を改革し、会社の変革を一気に進めようと腹を決めたのだった。

担当を別の人物に代えることは簡単だが、今までよくやってきてくれた谷川周作に何とかこの人事部改革の動きに加わってもらいたいと山口は考えていた。ナップスで今後ともよい仕事をし続けていくためには、この人事部改革の経験は必須アイテムになる。谷川はあと二年で次長任期が切れるはずだが、もしグループ長として人事部改革を促進することができなければ、部長候補にはなれずに役職から降りることになり、その後、グループ会社への再出向もありえる。その意味でも、今後の二年間は谷川周作のキャリアにとっても重要な時期なのだ。

そこで、人事部改革の第一ステップとして、教育係を人材開発グループに格上げし、人事グループと同格に位置づけることを、人事部長委嘱を引き受ける時点で社長に提案して了承を得たのだった。谷川には採用、配置、評価の人事グループを任せて側面から人事部改革に関わりやすくしたうえで、教育・研修と組織の体質改革に関わる人材開発グループの長には外部から候補を探すことにし、早速、親会社やグループ会社をあたってみたのだが、残念ながらというか予測通りというか、適任者は見つからなかった。そこで昔から付き合いのあるヘッドハンターの永田に相談してみたところ、四月下旬に矢澤久美子を紹介されたのだった。

矢澤久美子の思い——人が生き生きと働ける手助けをしたい

矢澤久美子は四月末にナップスのキャリア採用面接に応募したところ、七月一日付での採用内定が出たので、連休明け早々、会社に退職の意思表示をした。今までの仕事ぶりが認められてか、上司である部長が自宅に訪ねてきて引き留めたり、副社長が電話を掛けてきて条件アップをほのめかしたりと、かなり強烈な慰留工作はあったのだが、同僚たちは矢澤のさらなるキャリア形成を応援してくれて何とか円満退社にこぎつけることができ、先週、業務の引き継ぎを完了していた。

今回のキャリア採用面接は永田俊彦の紹介だったので、いきなり責任者の山口取締役との面談になった。ヘッドハンターに会社を紹介されるのは初めてだったが、永田は経営コンサルタントをしている夫の同僚なので以前からよく知っており信頼もしていた。採用面接が面談風に行われるのは、応募者側からすれば対等性が飛躍的に高まって心強い。会社への個人応募は、紹介状なしでいきなり知らない大病院に診察してもらいに行くのに似て、とても心細いものである。

信頼のおける人材コンサルタントが介在する場合、通常のいわゆる一次面接は省略されて二次面接から始まることが多い。なぜなら、人材コンサルタントの推薦があるうえに書類審査がＯＫであれば、その時点ですでに一次面接はパスしていると認識されるのだ。それくらい、実績があって信頼のおける人材コンサルタントの一言には重みがある。近年、人材紹介業者が雨後の筍のごとく増えて、売り込みの営業マンと間違えるような軽い自称人材コンサルタントが多くなったが、永田俊彦のように経験を積み、しかもナップスに多くの紹介実績を持つ人物の推薦は矢澤にとってありがたかった。

その日、山口との面談は二時間ほどで終了したが、すぐに社長との顔合わせに呼ばれ、その二日後には給与調整の場が持たれて、ほぼ一週間で矢澤久美子の採用は内定した。配属先は新設される予定の人事部人材開発グループで役職はグループ長、一般でいう課長職である。人事部を制度づくりの人事部から職場での問題解決型の戦略的な現場型人事部に改革し、それを通して会社全体を顧客の問題解決に知恵とエネルギーを注ぎ込むことに心を砕く〈燃える集団〉に変貌させたいという山口の話は、矢澤自身の人と組織に対する思いと重なる部分が多かった。期待に添える仕事ができるかどうか不安はあるものの、矢澤にとってはまさにやりたい仕事に違いなかった。

矢澤は兵庫県出身で、高校までは神戸市須磨区の高台で生活をしていたが、東京に憧れて都内の私立大学の商学部に入学してから現在にいたるまでずっと東京で暮らしている。大学卒業後はある大手食品メーカーに就職。そこで営業と販売企画を併せて五年経験したあと人事部に配属され、三年近く研修企画の立案や教育・研修トレーナーを務めていたのだが、三〇歳のときに総合人材サービス会社にいる知人に誘われて転職。現在までの七年間、変化の激しい人材ビジネス業界でも揉まれてきた。

矢澤は学生時代、体育会系のヨット部に所属していたのだが、指導にきていたOBの佐々木洋一と親しくなって卒業後しばらくして結婚をした。洋一は日に焼けて精悍なプレイボーイ風だったが、話をしてみると目線を合わせてきっちりと矢澤の話を聞いてくれて、いい加減さのない人物だった。その派手さと誠実さの共存というギャップに意外性を感じて惹かれたような気がする。現在、戸籍上は「佐々木久美子」になっているが、職場では名前を変えずに通称、矢澤久美子で通してきた。その八歳年上の佐々木洋一が当時、外資系スカウト会社で人材コンサルタントをしていた関係で、人材ビジネスのダイナミックさと面白さを学生時代から聞かされており、自分もいつかはその業界で働いてみたいという夢を温めていた。そういう意味で、七年前の知人の誘いは渡りに船の大きな転機となった。

その総合人材サービス会社在籍中の七年間、短期派遣や紹介予定派遣を扱う人材派遣部門で派遣スタッフの管理と営業管理業務を担当した後、転職希望者を求人企業に紹介する人材紹介部門で企業と個人の橋渡しをするコーディネート営業を経験、そしてその後、人員削減をしようとする企業から社員の再就職支援を請け負う、いわゆるアウトプレースメント部門でキャリアカウンセラーとしての業務も短期間ながら経験した。

そして、日本のキャリアカウンセラー資格の中心的存在になっているＣＤＡ（キャリア・ディベロップメント・アドバイザー）を取得してからは、再就職支援カウンセリングがスムースにできるようになったことに加え、知人からの依頼で転職・再就職フェアの相談ブースに入る機会も増えた。それによって、企業人としての社会貢献だけではなく、実際に個人として直接、人や社会の役に立っているという実感も出てきた。自信というほどのものではないが、折に触れて自分の存在価値を実感できる機会が増えて、生きている充実感を感じることが多くなってきた。

自分は大学卒業後、一五年ほど経ってようやくこうした心境になってきたのだが、世の中には仕事に充実感を感じられないでいる人も多いようだ。ＣＤＡを取得してからはキャリアについての相談もよく受けるようになったが、自分のキャリアカウンセリングによって、その人が**その人なりの得意分野を見つけてキラキラ輝きながら生き始めると、とても嬉しい**と感じる。

矢澤の人材開発への興味の原点は、最初についた上司にあったと思われる。学生時代はさほど勉強が好きなほうでもなかったのだが、最初の上司が実によく質問したり話しかけてくる人だった。その影響でよくものを考えるようになったのではないかと自分では思う。その上司は仕事の仕方を指示するのではなく、矢澤が自分で仕事の仕方を工夫するように導いてくれたと思える節がある。新入社員であった当時はそんなことは気にも留めなかったのだが、確かに実に問いかけの多い上司だったことに、キャリアカウンセリングの勉強を始めてみて思い当たるのだ。

たとえば立ち話で「矢澤さん、ぼくがいま作っているこの企画書なんだけど、自分で言うのも何だが、どうもセンスが悪いんだよね。どんなふうに修正したらいいか、ちょっと知恵を貸してくれないかな?」と言われることがよくあった。上司に知恵を貸してくれないかな、などと言われると、新人で知識も経験もないが、何とか上司の役に立ちたいと思うものだ。ない知恵を絞っていろいろと考えをめぐらせたり、仕事帰りに本屋に立ち寄って関連書籍を探したりするうちに、自分の仕事だけではなくその周辺にも目が行くようになり、デザインや法律や中小企業経営など、知らないうちに周辺知識が広がるという経験をした。

また、「そうそう矢澤さん、来週末を納期で頼んでいた顧客データの整理だけど、いまどの辺りまで進んでる? 何か分かりにくいところはないかな?」などと、通りがかりに思い出したように聞かれたこともあった。納期まであと一週間もある依頼作業に対して、「いまどこまでできているか見せて」などと言われると、つい監視されているような気になって「まだ一週間もあるんだから任せてくれればよいのに」と反発心が出てくるところだが、「何か分かりにくいところはないかな?」と問われると、「そういえば、ここのところが少し分かりづらくて……」と相談することになり、結局、仕事は早くしかもうまく仕上がる、という成功体験を何度となくさせてもらった。

いま思えば、その上司は単に思いつきで会話をしていたのではなく、矢澤の行動をよく観察したうえで、ものを考えるように仕向けるための会話や質問を先手を打ってしていたに違いないと思えるの

だ。そして、そのほかにも、

「三年後に後輩がついたとき、どんな先輩でありたいか考えたことあるか？」とか、

「この特売企画だけど、どんな商品の組み合わせにしたらA商社の社長がもっと喜ぶと思う？」

などの質問をされたこともよく覚えている。実にうまく新人にものを考えさせて、仕事のやる気を引き出してくれる上司だったと、矢澤は後輩を持つようになって思い始め、人材開発に移ってからはそのような関わりの難しさと重要性を実感したものだ。そのような、仕事の原体験とでもいうべき経験を自覚するにつれ、人に関わる仕事をもっと深めていきたいという思いが強くなり、いつしか「人が自分を磨きながら、生き生きと働き、そして自分らしさを込めてよい仕事をする」のを支援するような仕事ができないものかと思い始めるようになっていた。ちょうどそんなタイミングでナップスの話が舞い込んできたのだった。

カクテルパーティー効果——夢を持てば実現できる

いままでも何かを得たいと思うといつもタイミングよくその関連情報が得られたり、誰かが関係する人を紹介してくれたりしていた。自分はひょっとすると幸運の女神に見守られているのかもしれないと感じたものだが、こういう体験を重ねるにつれ、つくづく夢を持つことの大切さを実感するようになった。これは学生時代に洋一に聞いた「カクテルパーティー効果」と結びつく（図表1）。

洋一によると、「夢」を持っていれば、それに関連する情報がたくさん入ってくるようになったり、

無意識のうちにその「夢」に近づく行動をとるようになるのだという。そして、そういった無意識のうちでの情報収集やイメージトレーニングの結果、その「夢」がいつしか「実現可能な目標」のラインにまで降りてくる。「実現可能な目標」に近づいてくれば、それを実現させたくなるのが人間である。さらに意識してトレーニングしたり学習したりする。そしてあるとき気がつくと、それがほぼ「現状」になっているというのだ。情報は世の中にたくさんあふれて行き交ってはいるが、自分なりのアンテナを上げていない限り、必要とする情報は素通りしてゆく。「夢」を持つと無意識のうちにこのアンテナが上がって情報収集を始めるというわけである。

カクテルパーティーは、たいがい立食形式でたくさんの参加者がおり、ワイワイ、ガヤガヤとしているものだ。あちこちで乾杯をするグラスの触れ合う音、お皿に料理を移すフォークの音、何かの話題に興じる話し声、誰かの演説、にぎやかな笑い声など。しかし、そのざわめきの中でも、自分の関心のある言葉は不思議と喧騒の合間を縫って聞こえてくるものだ。

たとえば、遠くのテーブルで誰かが噂話をしていて自分のことが話題になったとき、自分の名前が呼ばれたような気がして振り返ったりした経験は誰しもあるだろう。他の人の名前などまるで耳に入らない騒がしさのなかで、自分の名前や自分の会社名、または気になっている友人や恋人の名前などは、不思議とざわめきをすり抜けて聞こえてくる。

何かを意識してアンテナが上がっていると不思議とそれに関することが聞こえてきたり情報が集まったりし、それによってなりたい自分に少しずつ近づいてゆくことができる。この現象がカクテルパーティー効果と言われているものだよ、と箱根をドライブしていたときに洋一が言っていた。

●図表1　カクテルパーティー効果で「夢」はいつしか実現する

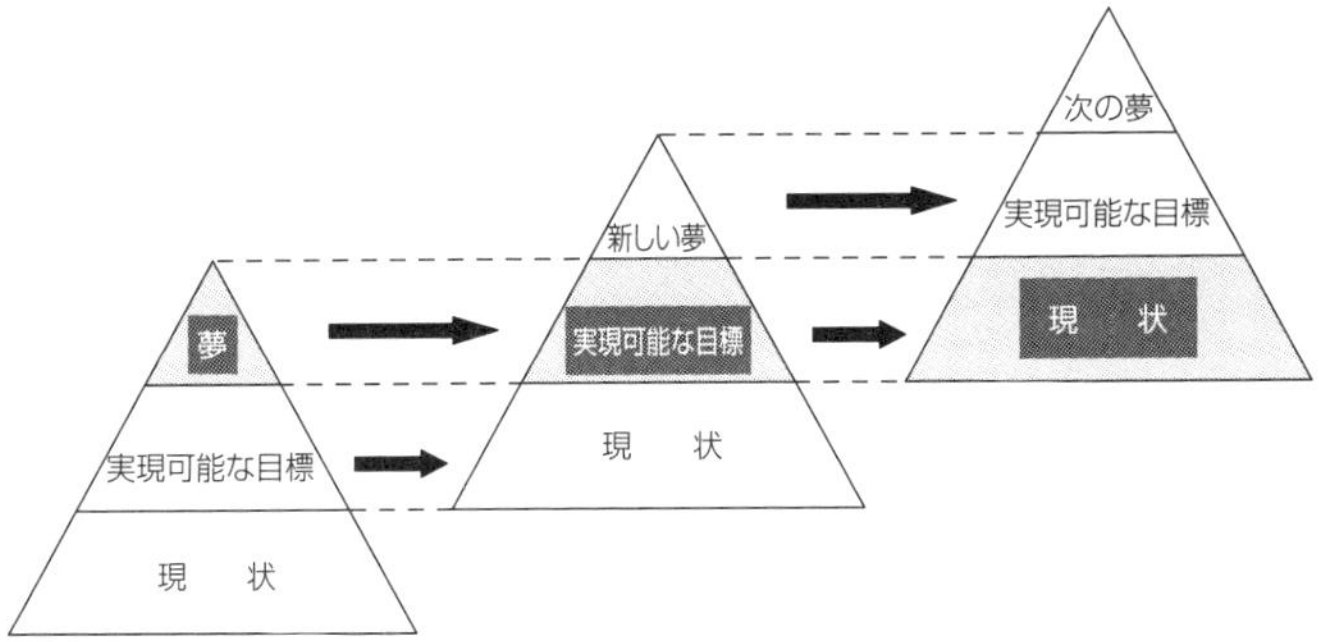

「久美、こんなふうに考えてごらん。ゴルフを始めた人は、電車の吊り広告のゴルフ記事がやけに目にとまるようになるというけれど、久美の場合はスキューバダイビングが分かりやすい例だよ。ダイビングのインストラクターみたいに水中散歩がしたい、といってスキューバを始めたころ、本屋に行くたびに『近頃、スキューバの記事があちこちの雑誌に載ってるよ。以前はこんなにスキューバの記事なんてなかったのに。スキューバダイビングって、最近、流行りだしたのかしら？』なんて言ってたよね。ぼくはダイビングをやらないので分からないけど、きっと、そのときまで気づかなかっただけで、スキューバダイビングの記事は以前からたくさん載っていたはずだよ。それで、記事が目に付くようになってからは、久美もスキューバのことがやけに詳しくなったよね。やれサイパンだ、モルディブだとダイビングスポットに詳しくなったり、ツーサのマスクだ、マレスのレギュレータだと器具に凝ったり。そうすると自然に潜りに行く回数も増えるしうまくもなる。三年ほど凝って、とうとうダイビング・インストラクターのアシスタントができるくらいにまでなっちゃったじゃない？『夢』をいつも心に描い

ていたことによって、三年ほどで『夢』が『現状』になったよい例だよ」と、スキューバダイビングを例に挙げて話してくれた。当時、スキューバにはまっていた矢澤は、そのときの会話をはっきりと覚えている。

昔、聖徳太子が一〇人の話を一度に聞き分けたという話が本当なのかどうかは知らないが、あれも聖徳太子がたくさんの関心事を持っていて、キーワードに関するアンテナを同時にたくさん上げることができる人だったので、いろんな話がキーワードのつなぎ合わせによって一〇の話に再構成されたのだともいえる。読書でいえば速読の極意のようなものかもしれない。

つまり、われわれは自分の関心ごとにはアンテナが上がっていて、自然とそれにまつわる情報を収集する体勢ができているのだという。ああしたいとか、こうなりたいという「夢」を持つということは、自分の関心ごとのアンテナを高々と上げることにほかならない。そうしていると、誰かがこの人を紹介してあげようと専門家を引き合わせてくれたり、こんな記事が雑誌に載っていたよとコピーを送ってくれたりと、その「夢」に関する情報が入ってきやすくなり、知らないうちに「夢」は「実現可能な目標」へと具体化しはじめる。そうなれば、あとはそれを実現する努力を続ければよいのだ。

このように、「夢」を持っているとそれはいつしか「現状」に近づいてくる。そして、そのときにはまた別の「新しい夢」なり「次の夢」なりが「実現可能な目標」に向かって動きつつあるのだ。

逆にこのアンテナを高く上げていないと、どんなによい情報が飛び交っていても、それを見分け、見つけて自分のほうに手繰《たぐ》り寄せることができない。だから「夢」を持つことは大切なのだ。こういったことをたくさんの人に伝えたい。自分のキャリアに悩んでいる人たちに、「夢」を持つことによって、本来は生き生きしキラキラしているはずの自分の人生にもう一度、気づいてもらいたい。人材ビジネスで外部から人と組織を見る機会を持ったこの七年間、自分の体験の中で実感し始めたそういった思いを、キャリアカウンセリングの会話のなかでもしてきた。ここで今一度、組織に戻って、もっと密な人間関係のなかで「人が自分を磨きながら、生き生きと働き、そして自分らしさを込めてよい仕事をする」ことを支援できるなら、今までの自分のキャリアや経験が生かせるし、さらに自分自身の考え方にも深みが出るに違いないと思い、矢澤は今回のナップスの内定をありがたく受諾したのだった。

谷川周作の思い——人事はじっくりやる仕事

谷川周作は電車の中で今日の矢澤久美子との顔合わせを思い返していた。取締役の山口達郎に呼ばれて、今日、六月三十日の矢澤とのミーティングのことを告げられたのは先週のことだった。

矢澤が出社する七月一日は、ちょうどキャリア採用で入社する二人の部長級の技術者にオリエンテーションと入社研修を施しに二日間の大阪出張に出かけることになっていた。通常は現地の労務スタッフが対応するのだが、上級管理職としての採用の場合は谷川が直接、担当することになっているのだ。その日が矢澤の入社日であることをもちろん谷川は知っていたが、どうせ身内の人事部配属なので、出張から帰ってから話をすればよいだろうと思っていた。

ところが、山口は一日でも早く自分に引き合わせたかったのだろうか、入社前に矢澤を呼ぶから打ち合わせをしておいてくれという話だった。予定を変えさせられるようで嫌な感じがしたが、苦情を言うほどではないので黙っていた。いつもはゆったりと構えている山口が、この件については妙に性急だった。人事部長を委嘱されるまで山口は営業本部を管掌する取締役だったが、確かにそのときから人事制度や人事部の動きに対してあれやこれやと注文をつけてきていた。それは、悪意があってということではなく、ナップスの将来を考えてのことであることは、山口の部下として親会社の人事部で一緒に仕事をした経験のある谷川には分かっていた。しかし、営業本部の管掌役員に「人事部改革」という言葉を持ち出されときには、いささか嫌な気がしたものだった。

この春までの人事部長は、経理部長からの横滑りの人で、人事諸制度の細かなことについてはすべて自分に任せてくれていた。人事の仕事はあまり理解していないのではないかと思える節もあって、谷川としてはやりやすい半面、苦労も多かった。人事部長が会議の席で山口のような別の部門長や役員連中に押し切られて難題を引き受けてくることがあり、実務に携わる谷川があとから再度、先方に話を押し返して人事部長が約束してきた内容を修正したり、実施時期をずらしてもらったりということも一度や二度ではなかった。しかしそれは、その人事部長に限ったことではないので仕方のないことなのだろう。

総論としては正しくても、各論になると当社の実情に合わなかったり時期尚早と思われる案件を了解してくるケースもあった。今年の初めに導入した早期退職優遇制度などはその典型例だ。そして、思った通り失敗している。あれも人事部長が去年、社長からの依頼を断りきれずに引き受けてきたものだった。今のナップスには合わないと反対したのだが、聞き入れてもらえなかった。仕方なくグループ会社から情報を集めて仕組みはつくったが、なにせ社員が必要性を理解できないのだから制度として回るはずがない。しかし、形の上では自分が担当して導入したことになっているので、口が裂けても「思った通り失敗だった」とは言えず、つらいところだ。

業績が下降しているとはいえ、利益はまだ何とか出ている状態なのだから、人減らしの制度の必要性は社内では理解されないだろう。情報収集に行ったある会社では、早期退職優遇制度を前向きに使うという触れ込みで導入したそうだが、結局は社員に信用されず、導入三年目の今年になっても応募は当初予想の一割程度にとどまっているらしい。前向きだの積極的だのと言ったところで、所詮は人減らし策なのだから仕方がない。グループ会社のそういった事例も含めて社長に説明したのだが、経営としてナップスに必要なことだからうまく導入してくれの一点張りで埒《らち》が明かなかった。自分としては精一杯対応したのだ。

それなのに山口取締役は人事部長就任早々、導入した制度をなぜうまく運用できないのだ、一回目の応募者はゼロではないか、とかなり突っ込んできた。叱責しているわけではないが、責められているような気になってしまう。ナップスに合わないものをこの時期に導入するという経営判断だったのだから致し方ないではないか。これから社内に対して徐々に周知して応募者を増やしていくしかないと申し上げて、一応、納得はしてもらったが、導入の仕方でもっとやりようがあったのではないかという最後の言葉に少しカチンときた。

制度設計は漏れなくやっている。割り増し退職金の金額や山型の減少カーブにしても、会社が提供できる精一杯を社員のために供出するように設計したし、時間とエネルギーを割いて経理部長との調整もした。そして、応募者が出たあとの相談も、複数の有名なアウトプレースメント会社に当たりをつけてあるので、準備として遺漏はない。きちっとした制度や仕組みをつくるのが自分の仕事であって、その制度を使うか使わないかは社員側の問題なのだ。たまたま一回目の募集で応募者がゼロであっても、それは導入の時期が悪いのであって制度の不備や運用の失敗ではない。利用のタイミングが合う社員がいれば、満足度高く利用してくれるはずなのだ。

人事制度というものはもともと会社と社員のバランスのうえに成り立っているのだから、性急に成果を求めすぎてはいけない。労組にもうまく協力してもらわなければならないのだから、経営から見た成果だけを追いすぎてはいけないと思う。経営環境が少し変わったからといって、その都度コロコロと中味を変えていては人事制度など成り立たない。

たとえば日本の戦後の賃金制度は一九四五年ころ、「生活主義」という考え方から出た「年齢給」概念によって組み立てられたという。その後、一九六〇年前後から「年功主義」という考え方の「年功給」の要素が強まり、一九七五年前後から「能力主義」という考え方の「職能給」というウエイトが入ってきて、一九九〇年前後からは「能力主義＋成果主義」という概念の「役割給」に比重が移ってきたと、ある著名な賃金セミナーで聞いた。経営の都合だけで賃金を勝手に決めるというものではなかったという歴史が日本にはあるのだ。人事制度は経営戦略とまったく別モノとは言わないまでも、ある程度独立して存在するものだと認められてきている。ここは日本であってアメリカではない。実力主義だ、成果主義だ、転進支援の早期退職優遇制度だとアメリカ的なものをいきなり持ち込んでも、すぐに浸透して機能するはずがない。**人事はじっくりやらなければできない仕事**なのだ。現に成果主義賃金制度を導入してから、社員の士気は下がる一方だ。

いったん制度をつくったなら、その制度をきちんと運用できるまで時間をかけて育てていかなければならない。それが人事というものだ。山口取締役はそのあたりのことは知っているにも関わらず、営業統括の取締役になって数字に追われるようになったためか、性急に人事に変化を要求するようになって困ったものだと思っていた矢先、この春から人事部長を委嘱されて、また自分の上司になってしまった。山口取締役のことはある程度知っているし、人柄も好ましいとは思っている。また、取締役のほうでも自分（谷川）の考え方や仕事の仕方を分かってくれているはずだからある意味安心ではあるのだが、駆け足のような「人事部改革」という掛け声はうっとうしい。

この七月から自分は、今までの人事部次長に加え、（兼）人事グループ長という肩書きが増えることになった。役職は変わらずだが、もともと自分の配下にあった教育係が人材開発グループという課レベルに格上げされて、そこに山口取締役が外部からスカウトしてきた女性が課長職として配属され、グループを取り仕切ることになる。いままでは実質的に自分が人事部全体を切り盛りしてきたのだが、これからは矢澤久美子という人材開発グループ長と相談してことを進めなければならない。自分だけでは決めきれない事柄が増えそうで、これも煩わしい。役職的には上下関係があるが矢澤とは職務内容が違うので、次長とは言っても指示命令で決着させるというわけにはいかず、実態的には権限が薄まって立場が下がったような気がしないでもない。

そして今日、その矢澤久美子に会った。意外におっとりしていて嫌みのない、それでいてエネルギーを感じる女性だった。大学の体育会系出身に加えて、人材ビジネスで七年ほどバリバリやっていたと聞いていたので、もっとツンケンしたきついイメージの女性を想像していたが、どうもそうではなさそうで少し気が楽になった。今さら一五歳も年下の女性と競わされるなんて真っ平ごめんだ。

それにしても、まだ入社もしていないのに、「明日からの谷川次長の大阪出張にかばん持ちでもいいから一緒に行かせてもらえませんか？」と言うのには正直、驚いた。堅実行動を好む技術屋が多いナップスには、たとえリップサービスでもそんなことを言うやつはいないだろう。考えてみれば確かに、明日からの大阪出張に一緒に来れば、入社一日目にしてキャリア採用幹部へのオリエンテーションの仕方や入社教育の概要を把握できるだろうし、行き帰りの道中でナップスについてのいろんな話を私から聞きだせるのは間違いない。だが、そんなにあわてて仕事に入らなくてもよいだろうに。ああいうのを仕事熱心、積極的というのだろうか。どんな人物かまだよくは分からないが、山口取締役が気に入ってすぐに内定を出したというのも分かるような気がする。

積極性を売り込むための芝居かと思ってわざと曖昧な返事をしていたら、驚いたことに「いいんですね、やったー」などと言いながら山口取締役の諒承をとりに行った。おかげで明日の朝は品川で彼女と待ち合わせをすることになってしまった。どうやら本気で言っていたらしい。まだ入社手続きもしていないのに。もし道中で事故でも起きたら、労災の処理はどうすればよいのだろうか、少し考えておく必要がある。こんなことさえなければ、ビールを片手に囲碁の本でも読みながらゆっくりできたのだが、矢澤の相手をしなくてはならないだろうから、そうもいかなくなった。しかし、それならそれで、これからうまく動いてくれるように釘をさしておく良い機会になる。現行の人事制度がうまく回るように配慮して立ち回ってくれるならば、次長としての仕事を全《まっと》うすることにつながるからありがたいことではある。人材開発なんていうのは、所詮、人事の本流である人事グループの下請け機能なのだから。

ビジョンが語られない入社研修

矢澤久美子は谷川次長の大阪出張に同行し、二日間にわたってキャリア採用の幹部候補に対する谷川の対応とナップスの中途入社研修を体験した。三〇分―六〇分程度ずつの時間が予定通りにこなされ、谷川が担当するコマ以外については、入れ替わり立ち替わり、その部署のキーマンらしき人がレクチャーをしていく方式だった。谷川は必要に応じて同席してコメントをしていた。

研修内容は、会社の歴史から始まり全社組織の紹介、様々な部門の技術や商品の紹介等、技術ベースのエンジニアリング会社らしく、こと細かく具体的な内容を伝えるというやり方の二日間だった。内容は具体的で分かりやすかったが、全体観というのか、なぜナップスが存在しているのかという「企業目的」や「目指す姿などのビジョン」についての話がなかったことに加え、ナップスの持つ価値観は何なのかという「企業行動に関わる価値規範」にも触れられていなかった。途中から会社に入ってくる人に対しては、特にこういったメッセージが重要だと矢澤は思っていたので気になったのだ。それは全体の話をした谷川だけではなく、レクチャーを担当したキーマンも同様で、話の中に抽象性の高いメッセージはなく、自部署の夢や目指している姿を自分の言葉で熱く語った人は一人もいなかった。出てきた全員が理論的で沈着冷静なのである。これはわざとそういうことを熱く語らなかったというよりも、社内でそういったことを議論する習慣がないと考えたほうが自然なのかもしれないと思いながら、矢澤は話を聞いていた。

とはいえ、キャリア採用者の入社研修に同席できたことに加えて、大阪支社の人たちと食事をしながら雑談をする機会があったこと、さらに往復の車中での谷川次長と会話ができたことによって、ナップスのイメージをかなり具体的に膨らませることができたことは収穫だった。人事部を取り仕切る谷川次長がいない日に〈日本橋〉に出社して資料を眺めて過ごすよりも、はるかに有意義で得るものの多い二日間だと思えた。

来週に向けて

谷川次長と品川駅で別れて矢澤久美子が下北沢のマンションに戻ってきたのは午後九時半ころだった。夫の洋一はすでに帰宅してパジャマでくつろいでいた。シャワーから戻った久美子はベッドでうつ伏せになって雑誌を眺めている洋一の横に滑り込んだ。久美子のお気に入りであるシモンズのダブルベッドだ。新婚当初はウォーターベッドだったのだが、引越しを機にシモンズのベッドに入れ替えていた。このクッションの堅さが何ともいえず、心地よく疲れが取れるのだ。

テーブルで洋一と向き合って話をするのもよいが、目線は合わせずに身体を近づけていられる横の位置が久美子は気に入っている。特に洋一の腕枕で問わず語りにいろんな話をして過ごすのが好きだった。そうしていると、不思議とほっとしてその日にあった嫌な出来事も抵抗なくしゃべれてしまうのだ。そして、いろんなことをしゃべっているうちに、次第にその嫌なことも些細なことに思えてきて、明日になれば何とかなるような気がしてくるから不思議だ。精神的な疲れが取れて気持ちが解放されていくのが自分でも分かる。勇気が湧いてくるような気がする。

洋一はカウンセラーではないのだが、いわゆる聞き上手なのだろう。タイミングよく相づちを打っては話を促してくれるので、まるでカウンセリングを受けているかのように心が癒されていく。余計な意見を挟まない分、心地がよいのかもしれないと、ＣＤＡの勉強を始めてから思うようになった。自分で自分の整理がついてくるから落ち着けるのかもしれない。久美子はこれを「腕枕カウンセリング」と名づけて、自分が一番リラックスできる場面だと思っている。また、四方山話《よもやま》をしているうちに、次に自分がするべきことが明確になってくることもよくあるのだ。

今日はちょっと疲れたなと思いながらぼーっとしていると、洋一が腕枕をしながら聞いてきた。

「久美、大阪出張はどうだった？」

「うん、とってもおもしろかったよ。洋一のアドバイス通り、同行をお願いしてよかったわ。でも、どうしてそれが良いって分かったの？　私、出社日の前日に呼ばれたと言っただけよ」

「分かったというわけじゃないけど、そんな気がしたんだ。だって呼ばれた理由が、そのベテラン次長に大阪での入社研修実施の予定が入っていて、久美の出社当日に東京にいないからということだったろう？　久美は人材開発の担当で入社するわけだから、一日でも早くその会社で行われている研修を知ることが必要なはずだ。それなら、その次長について行けば、わずか二日間で次長の仕事ぶりを見られる、入社研修の内容が分かって久美自身も体験できる、次長の手間も省ける、ついでに大阪支社の人にも顔を覚えてもらえる、と良いこと尽くめだと思ったから」

久美子は目をつぶって洋一の胸に顔を載せている。安心できて気持ちがいい。

「そうなんだー、さすがね。私はそんなことまで気が回らなかったもの。それにしても、ナップスってやはり技術の会社だと思ったわ。プログラムの時間がきっちりしているし、内容がとても具体的で事例集まで用意されているんだもん」

「そんなの、どこでも似たようなものじゃないの？」

「ううん、それが違うの。前の会社では中途入社の人へのオリエンテーションには決まったプログラムはなかったし、話をする側も資料を用意しないのが普通。それに時間になっても講師が来ないからしょっちゅう呼びに行ったりしてたのよ。それに比べて今回なんて、次にしゃべる予定の人が五分も前に会議室に来て待ってるんだもの。びっくりしちゃった。真面目というのか堅いというのか。前の会社じゃあ、そんなこと考えられないわ。人材ビジネス業界では『人間』が相手でしょう？　仕事のやり方にしても時間にしても、何とも柔軟というか適当になるみたい。洋一の会社でも永田さんの人材サーチ部はきっと似ていると思う。でもそれはそれで硬直的でなくてよいところなんだけどね」

そう言いながら片目を開けて洋一の顔を見上げると、「ふーん、そうなんだ」と言うように頷いてくれる。多くは語らないがしっかりと話を聴いてくれているこの雰囲気が久美子は好きだ。コミュニケーションが成立している気がする。

しばらく静かなときが流れた後、洋一が口を開いた。

「それで、明日からまず何からするつもり？」

そうだった。まず何をするか、それがいま一番重要なことなのだ。

聞かれて久美子は新幹線の中での谷川次長との会話を思い出した。新幹線の中でも自分のすべきことをイメージしながら谷川にあれやこれやと質問したのだった。

「谷川次長から話を聞いたり入社研修に参加して感じたのは、会社の目的とかビジョンとか存在価値とかが、社内でほとんど議論されていないんじゃないかということなの。面接をしてくれた山口取締役は会社を〈燃える集団〉にしたいとおっしゃっているけれど、そのためにはみんなが自分のやっている仕事の意味とか自分の存在価値について意識できていることが出発点だと思うの。それが意識できてはじめて、全体感の中での自分の仕事の重要性が分かってくるわけでしょう？　私が担当する人材開発は、人を中心とした組織の問題解決に関わるわけだから、みんなに会社の目指す方向から外れず、メンバーと協力しあいながら力を発揮してもらうことが大きな課題。そのためには組織の目的とか目指す姿がある程度はっきりと共有されることが大切だと思うの。だから、まずすることは、経営幹部や役職者、そして若手も含めた社員のみなさんが何を考え、どのように感じて仕事をしているかという現場情報の収集かな、って思うんだけど、どうかな？」

「そうだと思うよ。現場・現物で本質を見極めないと正しい判断はできないからね」

「やっぱりそう思う？　よかったあー。でもね、その話を谷川さんにしたんだけど、あまり良い顔をしないので困っちゃった。経営幹部の考えは年頭の役員メッセージから類推してそれに合わせて人事が企画提案して決裁をとるのが普通だとか、役職者や若手は忙しいんだからその人たちの時間を割くのは部門からの苦情を誘発しかねないとか、いろいろ否定的なことばかり言って、話に乗ってきてくれないのよ。それで私の考えは間違っているのかなと思って……」

「欧米企業では人事に求める役割が以前とはずいぶん違って経営問題そのものになってきているけど、日本企業で人事や人材開発の担当が社長や役員と会社の価値観やビジョンについて議論してその中から施策を生み出したという話はあまり聞かない。まだまだ『人事＝計画・管理業務』『人材開発＝研修事務局』の認識だね。次長さんがその発想なら、会社のビジョンとかバリューなんて面倒な話だと思うだろうな」

「そうか、谷川さんが面倒くさそうにして乗ってこなかったのは、人材開発を単なるスキル研修のことだと思っているからかもしれないわね。なんでスキル研修の担当者が経営のビジョンだとか組織の価値観のような面倒なことに首を突っ込むのかと」

「一般的に人材開発の仕事は研修の『計画表づくり＋実施』だと思われているよ。それに、人材開発は制度をつくる本流人事の実行部隊だと見られているケースも多い。後工程の人材開発や教育・研修部隊は制度やシステムを企画する人事の指示通りに動いてくれたらいいって」

「へぇー、そうなんだ！　谷川さんはそこまで指示命令的という印象はなかったけど、現場を元気にする人材開発ってナップスでは重要性が低い存在ってことなのかな？　嫌だなあ、そんなの……。でも、現場・現物は大事なことだと思うから、やはりトップ・役員にインタビューさせていただくところからやってみようかしら。企業目的や企業の存在意義、どんなことを大切にして仕事をすることが必要なのか、会社はどんな社員を求めているのか、とかいうことだよね」

「うん、やっぱりそれが『人と組織に関わる仕事』の出発点だと思うよ」

「洋一、ありがとう。おかげでモヤモヤしていたものがすっきりしてきた。やっぱり洋一の腕枕カウンセリングって私の特効薬だわ」

「ふふ、そうなんだ」と洋一はまんざらでもなさそうに笑っている。

転職したてであり、しかも初対面の谷川次長と二日間の同行出張をしたので、帰宅したとき久美子はかなりの疲労感があったのだが、洋一の腕枕カウンセリングのおかげでなんだかとても楽になった気がする。モヤモヤしていたものがすっきりして嬉しくなったので、冷蔵庫のディタグレープフルーツを取りに行った。洋一との初めてのデートのときに飲んだライチのお酒だ。今日は金曜日。週末はスイミングスクールに行って身体をほぐす予定を入れているが、少し時間を作って、来週からのするべきことをイメージしておこうと久美子は思った。

やることリスト

翌週、入社の自己紹介をしたあと、矢澤久美子は山口取締役に大阪出張の報告をし、イメージしてきた今後のインタビューについての概略を説明して大筋の了解をもらった。その後、各部門の部門長や管理職へ挨拶に出向いているうちに、時計の針はすでにお昼を回っていた。午後からは自部門のメンバーとの懇談、ファイリングやパソコン、プリンタなどオフィス環境の説明を受ける予定が続いたため、一息ついて実行計画づくりに取りかかれたのは夕方になってからだった。やるべきことをリスト化するという作業は、直感タイプの矢澤にとっては不得意な分野なのだが、今はそれをしなければならない。苦労しながら思いつく項目を書き出してみると、次のようになった。

①直近のやることリストとインタビュー項目を書き出す

②対象層に合わせたインタビュー事前準備（シートと依頼文の作成、トップ層はシートなし）
③谷川次長にこのインタビュー計画についての同意をもらう
④山口取締役と相談のうえ、インタビュー対象者を決定する
⑤人数と場所を見てインタビューに必要な期間を試算する
⑥山口取締役の最終了解をもらったうえで各部門の総務担当者に事前連絡を入れる
⑦各部門長に依頼してインタビューを実行する

さっき、山口取締役におよその考えを説明したとき、管理職全員に会う必要はないだろうという意見だったので、インタビュー項目をはっきりさせたうえで改めて相談し、対象者を決めることにした。それは「管理職といっても部下のいない人も大勢いるし、ライン長であっても人材育成にはほとんど興味を示さない人もいる。その半面、管理職でなくても部下の指導や育成にリーダーシップを発揮している人も多い。また、慕われている人、そうでない人など様々だから、『役職』ではなく『要員育成についてのキーマン』という切り口で対象者を決めてはどうか」という山口の示唆に納得したからだった。財閥系のメーカー出身でありながら、役職や横並び意識にとらわれない山口の柔軟性には感心させられる。ナップスの人のことをほとんど何も知らないこともあったが、「管理職もひとつの技術ですよ。実務で業績を上げたことを理由にして管理職にするやり方はおかしいと、ぼくはずっと言ってるんです」という話に共感した矢澤は、山口に人選してもらってインタビュー対象者を決めることにした。

苦労して直近のやることリストとインタビュー項目を書き出したが、すでに遅い時間になってしまっていたので、谷川との打ち合わせは明朝行うことにした。

人材開発の原点

翌朝、矢澤はこの二枚のメモを持って谷川次長のところに相談に行った。

「おはようございます。今日は早くからお時間をいただきありがとうございます。このあいだ新幹線の中でお話していたことについてのご相談です。私が決めて実行する立場にあるとはいいながら、人事グループとの連携が大切だと思っていますし、人事部として方向性がずれないような社内支援サービスを提供したいと考えていますので、ご相談させてください。

まず、人材開発の仕事をするにあたって必要な情報収集について『直近のやることリスト』（図表2）に書き出してみました。人材開発グループとしての支援内容は、いろんな立場の方にインタビューをしてから決めたほうがよいと思っていますので階層ごとに書いています。人数は対象層全体の数です。ただ、山口取締役からは、階層にこだわらず要員育成について関心の高い人を中心にするのが効果的ではないか、というご意見をいただきましたので、人数や対象者の選定については山口取締役に案をいただくつもりです。ご推薦いただける方があれば、谷川次長にもぜひ教えていただきたいと思っています。それから、各部門長および管理職に意識してもらいたいことを『インタビュー項目』として二〇項目程度書いてみました（図表3）。これをアンケート書式に整理し直してアンケート依頼文と一緒に事前にお送りし、後日、インタビューに伺おうと思っています」

谷川は「ふーん」と言いながらしばらく眺めていたが、顔を上げると「矢澤さんはまだうちの経営トップ層とはほとんど話をしていないだろうから、この〈A〉経営トップ層のインタビューはいいかもしれないが、〈B〉の1と2はいかがなものかね。管理職や中堅社員にインタビューするのは結構なことだが、忙しい人の時間をとることで、また人事に対する不満が出そうな気がする。あんたは知らんかもしれんが、ただでさえ、人事は『面倒なことをする〈日本橋〉』の代名詞みたいに社内で言われているんだ。私の人事グループのほうにまでとばっちりがくると困るからね。あんたは人材開発なんだから、当面は私がやっていた階層別研修を引き継いでくれるだけで十分だと思うが」と渋い顔をして言った。

拒絶しているわけではなさそうだが、ややこしいことは止めてくれという言い方である。矢澤は困ったなと思いながらも、早めに相談をしておいてよかったとも思った。段取りを全部終えてからの事後報告でヘソでも曲げられたら、そのあと何もできなくなる。

「確かにお時間をいただくことにはなりますが、何かしらお土産はありますので、人事に対する苦情にはならないと思います。谷川次長にはご迷惑はおかけしません」

「お土産？　何だそれは？」

「もちろん、そのときに持っていくものではありません。お話をお聞きすることによって、皆さんの抱えていらっしゃる問題を一緒に考えて、解決案とか方策を出せるかもしれません。決して損にはならないと思うのです。どの現場も日々の業務で手一杯でしょうから、人材育成とか人が絡む組織の問

●図表2　直近のやることリスト

<A>経営トップ層（取締役、執行役員）への個別インタビュー

:ナップスの経営方針の把握

目的　①会社、部門の目的やビジョン、価値規範、求める人材像等について知る
②人事・人材開発セクションへの期待を知る

対象人数　15名全員

<B>各部門・各層への個別またはグループ・インタビュー

:各部門の人材開発方針と具体的状況の把握

1.管理職層（部長・課長）の考え方とマネジメントスタイルの把握

目的　①部門やセクションの目的やビジョン、価値規範、求める人材像等について知る
②人事・人材開発セクションへの要望と認識を知る

対象人数　約150名の中からピックアップ

2.中堅層（課長代理・主任クラス）の考え方と部下育成状況の把握

目的　①部門やセクションの目的、ビジョン、価値規範についての認識を知る
②部下育成の考え方と方法を知って必要な教育メニューを考える
③人事・人材開発に対する印象と期待を知る

対象人数　250名程度の中からピックアップ

3.入社3～5年目一般社員の考え方と自己啓発の把握（これは毎年のルーティンとする）

目的　①職場へのエントリーと動機づけ度合いを知る
②自己啓発の度合いを知り必要な教育メニューを考える
③人事・人材開発に対する印象を知る

対象人数　150名程度の全員　等々

題は人材開発グループが側面から関わって解決のお手伝いができればなと思っているのです。それと谷川次長から引き継ぎをした階層別研修ですが、初回お目にかかったときに申し上げましたように、世間で縮小傾向にあることと併せて、もし皆様からの要望が別のところにあるなら、一部変更もありかなと思っています。

いずれにしても、人事部長方針にも『人材開発グループは研修実施だけを目的にせず、社員のキャリア形成を中心とした職場の問題解決支援を行う』とありますので、現場情報の収集は欠かせないアイテムだと思っています。それで、谷川次長にはご迷惑をおかけしな

●図表3　管理職向けインタビューの項目（抜粋）

▶	あなたの部門の夢は何ですか？（ビジョン）
▶	その夢を実現するためにはどんな価値観や行動を大切にしていますか？（価値規範）
▶	あなたの部門の存在理由、ミッション（使命）は何ですか？（目的）
▶	あなたの部門の顧客は誰ですか？（顧客認識）
▶	あなたの部門では、どうなった状態を成功と呼びますか？（成果の指標）
▶	あなたの部門では、どんな人を評価しますか？（評価の基準）
▶	あなたの部門の管理者は、いますべきことを考え出せますか？（what思考1）
▶	あなたの部門の管理者は、部下のwhat思考を引き出す質問ができますか？（what思考2）
▶	あなたの部門の管理者は、部下のキャリアを考えて仕事を与えていますか？（キャリア形成）
▶	あなたの部門の管理者は、部下の意欲を引き出す未来拡大型の質問ができますか？（質問力）
▶	若手社員の流出防止のためにどんな手を打っていますか？（リテンションの方法）

以下省略

いようにしなければなりませんので、これからも今回のように計画段階からご相談して、ご理解をいただいたうえで進めていきたいと考えているのです」

「ああそう、それはどうも。まあ人事部長方針として『キャリア形成』や『職場の問題解決支援』というキーワードがこの四月から出されてはいるが、私にはどうもまだピンとこなくてね。『キャリア形成』は会社が用意する研修をきっちりやれば済むことだろうし、『職場の問題解決』は基本的に部門長マターだ。もちろん今までも向こうから依頼があれば相談には乗っている。しかし、頼まれもしないのに、わざわざこちらから聞きに行ってまで口を挟むのは、要らない仕事を増やすようなものじゃないか。われわれ人事部はコストセンターで、少ない人員の中でやりくりしているんだから、できもしないことをいろいろな部署から要求されると本来の仕事が回らなくなる。あんただって研修業務に支障が出ると困るだろう」

「確かに一時的にはそうなるかもしれませんが、人材開発は人事部本来の使命からできる限りズレないようにしないといけないと思っているんです。もちろん、組織によって様々な事情が

●図表4　人材開発の概念図

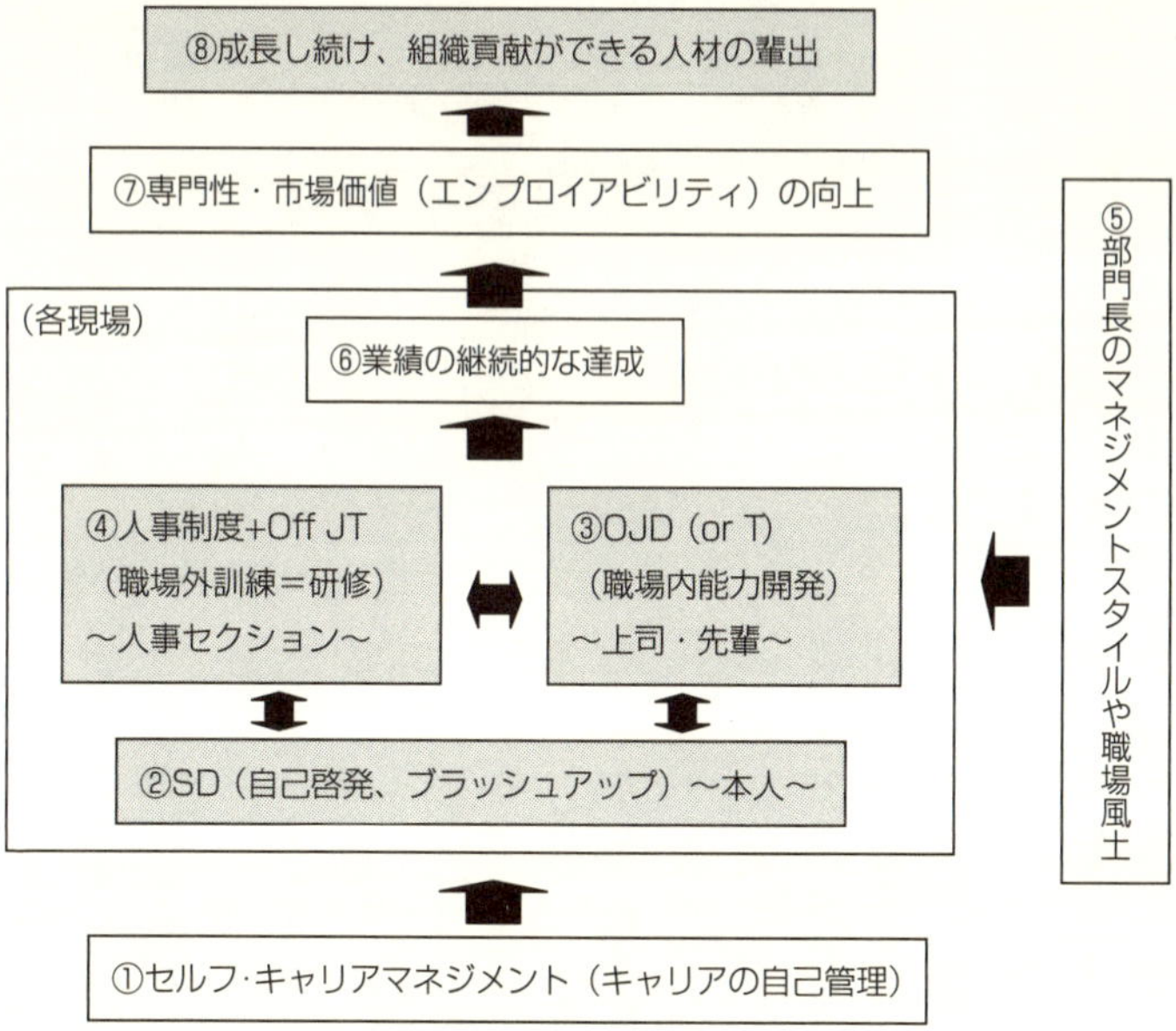

あるので一概には言えないことも分かってはいます。ただ、人材開発でいえば、研修を企画したりプログラムを作って実施したりする仕事はとても重要ですけれども、『研修に対しての苦情がある』と谷川次長もおっしゃっておられたように、その研修の必要性を感じていない人にいくら良い研修を施しても効果はほとんどないでしょうし、逆に、迷惑だと思っている部門長や管理者のところからは、本人が受講したいと思っても研修参加への同意を上司からとれないのが実態だと思います。その根本的な部分、いわゆるセンターピンをしっかり押さえたいと思っているので、そこのところを谷川次長と共有させていただきたいのです。研修

を含めた人材開発の全体像はこのような感じではないでしょうか」
矢澤はホワイトボードに図を書きながら人材開発についての説明を始めた（図表４）。

人材開発の目的は何か

「組織における人材開発の目的は、結局のところ個人の力や能力を伸ばすことによって個人が継続的に仕事成果を出し、それによって組織貢献を続けることができるように、『人と組織が抱える問題』を解決する支援活動だと思っています。この図で言えば、網掛けをしている⑧『組織貢献ができる人材の輩出』が目指すところになりますが、この考え方で何か違和感はありますか」

「それはそうなんだろうが、あまりに『組織貢献』を言い過ぎるのはいかがなものか。数字の出る営業などはよいが、管理部門などは数値評価がしにくいから何が組織貢献なのかがはっきりしない。成果主義賃金制度を入れたときに問題になったことだ」

「『組織に貢献する』というのはもともと抽象性の高い言葉ですから、ここで具体的に定義しようとしているわけではありません。何が組織貢献なのかはそれぞれの部門で違ってくるはずですから表現は変わります。『企業理念』も同様です。会社の企業理念は一つでも、それぞれの部門でそれを同じ言葉でお経のように唱えていても、日々の業務とのつながりは分かりにくく形骸化していきます。部門によってそれをどのようにブレークダウンして共有するかは、部門長や各上司の重要な仕事になるはずです。ですからインタビューで、部門・組織のビジョンや価値規範や組織目的についての認識をお尋ねすることによって、職場の各メンバーが少しでも身近に感じることができるメッセージに変換してもらえるようにしたいんです」

「インタビューは抽象的メッセージを分かりやすい言葉にする練習場面というわけだな」

「そういった意味もありますね」

「抽象的な概念ということなら大きな問題はないな」

「それで、この⑧『組織貢献ができる人材の輩出』のためには、個々人が⑦『専門性・市場価値』を高めることが必要になります。極端に言えば、他社からスカウトがかかるような社外通用力の高い人を多く抱えておかないと組織は競争市場で勝てなくなります」

「ちょっと待ってくれ。それはそうだが、他社からスカウトというのは問題じゃないか？　あんたは人材会社にいたそうだから気にはならんだろうが、うちは終身雇用を標榜している事業会社だ。定年まで勤め上げることを前提に入社しているんだ。それを誘い水のように、他社からスカウトなどと言って優秀な若手に辞められでもしたら、こっちの責任になってしまうじゃないか」

「すみません、言葉の綾でした」と、ひとまず謝ったうえで、にっこりしながら矢澤が反論する。

「でもね谷川次長、今は人材流動化の世の中ですよ。個人の市場価値が高まるのに反して当社の魅力が薄くなれば、辞める人が出てくるのも仕方がないではありませんか。ナップスについて私はまだよく知りませんが、会社が標榜している終身雇用に惹かれて入ってくる人は今の時代、少数派になっているのではないでしょうか？　特に若手では。若手の退職が多くなるのは、管理職の上意下達のマネジメントスタイルに関係しているケースも多いようですよ」

「それは管理職が悪いということか？　育ててもらった恩を忘れて辞めるのは裏切り者だと私は思うがね」谷川は心外だとばかりに矢澤を見て言った。

「確かに、ときには裏切り者もいるかもしれませんが、ほとんどの場合、そうではないと思います。上司が日ごろから部下とコミュニケーションをとっているかどうかの問題かもしれません。もっといえば『本当に育てているのか？』ということです。『ある日突然、退職を申し出られて驚いた。あれだけ育ててやったのに、飼い犬に手をかまれたようなものだ』という表現がありますが、要するに上司が部下とコミュニケーションをとっていないから寝耳に水なわけで、退職を申し出た本人の周りは早くから知っていることが多いですよ。いずれにしても、職場でのコミュニケーションのあり方はマネジメントスタイルに大いに関係しますので、人材開発の重要なテーマになります。また職場風土もマネジメントスタイルに大きく影響されます」

「確かに職場の上司が本人に聞いたという退職理由があてにならんことはよくある。郷里に帰って家を継ぐと言って辞めたと聞いていた若手が、翌月、新橋でサラリーマンをしていることが分かったこともあったしな。職場であまりコミュニケーションをとっていないというのは事実かもしれんが、人事部の者が大きな声で『社外からスカウト』などと言うのはどうかということだ」

「そうですね、気をつけます」神妙な顔つきで矢澤が応える。

「ここは人事部なんだから、退職を誘発するような発言は厳禁だ。言葉には気をつけてくれ」すっきりしてはいないようだが、谷川は総論にはひとまず反対ではないようだった。

「分かりました、注意します。それから、お話が出たついでといってはなんですが、辞めた人の件です。

当社を辞めてからも外部ネットワークとして存在するかどうかは重要なテーマではないでしょうか。ある財閥系の会社で、谷川次長がおっしゃったように『辞めるやつは裏切り者だ』という暗黙の了解を持っている会社がありましたが、辞めた人材とのつながりをなくすとビジネス上、プラスにならないと思います。辞めてもナップスのファンで、当社と何らかの仕事のつながりを持っている人材が多いということは、会社の懐の深さとしてひとつの強みになるのではないでしょうか。理由によっては出戻りを認めている某電機メーカーなどがその典型例です」

「社員の出戻りを認めるなど、うちではありえない」論外だとばかりに谷川が言った。

「歴史と風土が違えばそうですね。でも優秀な人材とはその人が外部に出た後もつながりを持っておくことが会社としてプラスになるはずで、それは人事部のひとつの仕事だとも思っています」

「うちでも優秀な定年退職者とは嘱託契約を結んで仕事をしてもらっているんだぞ」

「ええ、いまは正社員だけの時代ではありませんものね」と、一口お茶を飲んで矢澤が話を続けた。

「本題の組織内能力開発です。網掛けをしている三つの部分、②SD（自己啓発）をベースにして、③OJT（仕事を通した能力開発）および④OffJT（研修所での研修）の連動の結果としての⑥『業績の継続的な達成』を目指しているわけですが、この連動がなかなかうまくいかないのです。部門長の考え方や管理職のスタイル、それに評価などの人事システムも絡んできて、個々人のモチベーションが大きく影響されるわけですね。それに加えて、その職場の組織風土の問題もあります。タテで⑤『部門長のマネジメントスタイルや職場風土』と書いています。たとえば、思い切ってチャレンジをしたが失敗してしまった場合、成果に結びつかなかったという『結果指標』だけでマイナス評価をされてしまうなら、われわれは次回からチャレンジしなくなるでしょう。『チャレンジすると損だぞ』ということが悪気なく社内に言い伝えられて、その結果、チャレンジをしない風土の職場が出来上がってしまいます。そうなると、経営が『変化に対応』や『チャレンジ』など士気を鼓舞する言葉をいくら使ったとしても、それが現場でそのまま受け取られることはないわけで、能力開発もおざなりなものになり、目の前の仕事を黙々とこなすことが職場の目標になっていきます。こうなると人事制度はうまく回らなくなり、業績の継続的達成も難しくなります。実際の職場で、人がどんな指標で評価されているかを確認しておくことは重要です。それによって、どの能力を上げることに力を注ぐかが変わってきますから。経営がもし『チャレンジ』を奨励するなら、『チャレンジによる向こう傷を積極的に評価する』ことが必要です」

「それはそうだが矢澤さん、人事はそんなに職場のディテールにまで踏み込むべきではないだろう。分業をしているわけだから、職場は職場でうまく回してもらわないと困る。そのために管理職を置いているんだ」面倒なことを言うやつだという表情で谷川が言う。

「私もそう思います。お任せしておいて大丈夫な管理職であれば問題ないわけですが、先ほど谷川次長がおっしゃったように、日々のコミュニケーションが取れていないケースがあるなら、うまく職場が回るように個別に支援することは人事セクション、特に人材開発の仕事だと思うのです。そのためには、どのような考えで職場が運営されているのかをインタビューさせていただいて把握することが出発点になりますので、まずはアンケート項目を考えたわけです（図表3参照→七二ページ）」

「それはいいが、うちには文句の多い連中がいる。いろんなタイプの管理職がいるから、揉めないようにやってくれよな。〈日本橋〉の中でも人事のやることは特に警戒されているんだから」

「えっ？　人事部ってそんなに警戒されているのですか？　山口取締役からはそういったお話はお聞きしていなかったのですが……」

「まあ、今までにもいろいろあってな。山口さんは実務をやってるわけじゃないから、いちいちご存じないかもしれんが」と、早期退職優遇制度導入の説明会での管理職連中の不信そうな表情を思い出しながら谷川が答えた。

「そうですか。もしそうであれば、そういう感情の部分は特に重要なことですから、個別にお話させていただいて、揉めることのないようにしますので、どうぞご安心ください」

「とにかく、ややこしくならんようにしてくれ」

「はい、分かりました」

人材開発の出発点はセルフ・キャリアマネジメント

「では、この図で最後になりますが、人材開発のもっともベースになるのは、一番下に書いている①『セルフ・キャリアマネジメント』だと思っています。自分のキャリアは自分でも管理することが必要だという概念です」

「おい、それはおかしいだろう。個人の生活のことは知らんが、ここは会社だ。仕事については会社が決めて割り振って管理していくのが常識だ。個人が自分勝手に仕事を決めたりしたら混乱するじゃないか」

「もちろん、そうです。『セルフ・キャリアマネジメント』というのは、個人が自分勝手に自分の仕事を決める、という意味ではありません。ただ、個人も自分の『興味・関心』『価値観』『能力・スキル』を認識したうえで、どんな仕事領域を極めていけばよいのかということ（＝自分のキャリア形成）について、主体的に参画することが必要だという意味です」

「どんな仕事をやりたいかについては自己申告制度をやっているからそれでいいじゃないか。私が来てから導入したものだ。もう一〇年近く経っていて、制度としても定着している」

「そうでしたか。もう一〇年近くになるのですね。それでは念のためですけど、その自己申告シートに書いたことは、だいたい実現しているのでしょうか？」

「何を言ってるんだ、ここは会社だぞ。シートに希望を書いたからといって、ホイホイと実現するというものじゃないわな。そんなことをしたら組織が混乱する」当たり前のことを聞くなという表情で谷川が言う。

「えっ、そうなんですか。ということは、『自己申告制度』はもしかして現場ではあまりうまくは運用されていないのではないですか？　社員から見てどのように受け取られているのでしょうか」

「『うまく運用』と言ったって、ここは会社なんだから、どうしたってそういう対応になるじゃないか。会社として個人の意見を聴くという姿勢を見せるだけで充分なサービスだと思うが。私の若い時にはそんな親切なことはしていなかったわけだから」

「ここは会社なんだから」というのが谷川の口ぐせかもしれないと思いながら、矢澤はもう少し話を深めようと思った。

「谷川次長は確かに制度を進化させていらっしゃいますよね。念のためですが、そのシートに基づいての上司面談はなされているのでしょうか？　少なくとも一回三〇分以上の時間をかけて」

「面談シートが人事部に返ってきているから面談はされている。時間は分からんけどな」

「どのような面談がされているか、被面談者にヒアリングされたことはありますか？」

「人事がそこまでやるのは越権行為じゃないか？　職場の責任は上司にあるんだから、面談のやり方は上司に任せてある。最初に面談の仕方の研修もしたわけだから」

「そうですか。でも、どこかで現状を確認しておくことは、管理職のマネジメントスタイルをつかむうえでも、また個人の『セルフ・キャリアマネジメント』を支援する観点からも必要かもしれませんよね。両方とも職場の士気に関係することですから。先ほどのお話で日ごろのコミュニケーションが取れていない可能性もありますから、若手の退職の兆候をつかむ意味でも、各職場でどのような面談が行われているのかを把握しておきたいですね。それに、人事部がやっていることは重要なことだという認識を各職場で持ってもらうためには、出かけて行って直接対話することが欠かせないと思います。いずれにしても、人材の育成は仕事をしている現場でしかできないわけですから、部門の長や管理職がその気にならなければナップスの人材開発は実現しません。その意味で、まずは部門長、それから職場のキーマンの方々に個別にインタビューをさせていただいて、人材育成を職場機能として盛り込んでいきたいのです」

「それはそうかもしれんが、どの制度でもきっちり通知は流しているから、内容は間違いなく伝わっ

●図表5　人事に求められる究極の３つの役割

	人事の役割	場　面	個人の転機
1	いい人材を採る	組織への入口（採用）	新しく仕事を始める <仕事へのエントリー>
2	いい人材はさらに磨きをかけたうえで逃がさない	組織での滞在（定着） （業績の上げやすい職場風土）	業績を上げて仕事を続ける <キャリアの自己管理>
3	出た後も当社ファンのまま、外部で活躍してもらう	組織からの出口（退職） （自発性の有無にかかわらず）	続けてきた仕事を辞める <新たなキャリア探索>

ているはずだ。あまり世話を焼きすぎると、『おんぶにだっこ』状態になるんじゃないか？　過保護にするのは反対だ」うんざりしたように谷川が言った。

「私も谷川次長がおっしゃるように、過保護にならないよう『刺激剤』としての個別対応をしたいと思っています。いずれにしても、組織における人材開発の出発点は①『セルフ・キャリアマネジメント』であって、その目的は⑧『組織貢献ができる人材の輩出』にある、という共通理解をさせていただいたということでよろしいでしょうか？」うんざり顔の谷川を刺激しないように、矢澤は丁寧に問いかけてみる。

「大雑把には理解できるが、人事制度というのはもっと根底にあるものだとは思わないのかね？」

「ええ、もちろん根本的に重要なものだとは思っています。ただ、『人事に求められる究極の三つの役割』から考えると、やはり手段ではないかと思っています」

「なんだ、その『人事に求められる……役割』というのは？」人事の役割、という言葉に谷川は敏感に反応した。縁なしメガネを押し上げて矢澤をじっと見つめている。

「これは外資、特にアメリカ系企業では普通の考え方で日本企業でも創業期には当たり前のことです。ただ、企業が成長して役割が分化してくると忘れられがちなことだと言われています」と言って、矢澤はホワイトボードを裏返して、また一つの表を書いた（図表5）。

人事に求められる究極の三つの役割

「人事の究極の役割は、①当社にとってよい人材を採用し、②その人材をさらにブラッシュアップしながら、③もしお互いに不具合が生じた場合でも、できるだけ当社のファンのまま外部で活躍していただく、という三つです。裏返せば、これは人が経験する職業面における三種の転機といわれる場面でもあります。会社草創期には創業社長が一人でこの三つの役割をやっているのですが、社員が増えるにつれて①は採用担当、②は人材開発担当、③はアウトプレースメント担当、という具合に仕事が分化していくわけです。それで、人事部がこの三つすべてについて制度をつくって運用することになるのですが、①―③はすべて社員一人ひとりと一対一で対応することなしでは済まされない仕事です。制度だけではこの三つの役割はやりきれないわけです。たとえば、どんなに採用条件がよくても、採用担当者の印象が悪ければ、よい人材を逃がしてしまいます。また、どんなに教育研修制度を充実させたとしても、学習へのモチベーションを高めるような働きかけや職場風土がなければ研修の効果は上がりません。そして、何らかの事情で退職した人は、退職後、その企業の広告塔になるわけですが、特に会社都合で辞める場合に、ファンのままで辞めるか、アンチ・ファンになって辞めてしまうかは、経営にとってすごく重要なことになります」

「ここは日本なんだからアメリカ型のモデルは当てはまらんよ」と冷ややかに言う谷川に、矢澤は今日は落ち着いて対応できている自分を意識していた。

「もちろん私もそう思っています。ただ、人に気持ちよく働いてもらって個人としての成長を促し、その結果としての仕事成果を企業が見返りとして受け取るという構図は世界中どこの国でも同じだと思います。先日、発展途上国の政府、企業の人事部門やHRD（ヒューマン・リソース・ディベロップメント）部門の人たちが集まるワークショップに参加したのですが、そこでも人々のモチベーションをいかに高めるかということが最大の焦点だということで一致していました。根本的ではあっても、人事制度はやはりマス対応の間接的な手段ではないでしょうか」

「しかし、制度がしっかりしていれば社員はやりやすいし安心だろう」

「おっしゃる通りです。ですから、制度がうまく機能するように現場で起こっていることを絶えずキャッチして制度のマイナーチェンジに生かしていくべきだと思っています」

「それはそうだが、うちは社員が二三〇〇人いるわけだから、少人数の人事が現場に入り浸るわけにはいくまい。日常業務が滞ってしまうと会社としてマイナスだ。人事部としてやるべきことは、まずは制度をきちんとコントロールすることだ」

「確かにそうかもしれませんので、まずはできる範囲でと考えています。いずれにしても、谷川次長が築いてこられた人事諸制度をうまく機能させていくためにも、研修のネタを見つけるためにも、現場インタビューは人事セクションの欠かせない重要アイテムです。今回、人材開発グループとしてインタビューをさせていただいて、人事部として対応すべきことが出てきたら谷川次長にご相談したいと思っています。およそこのようなことを考えていますが、何か大きな問題はあるでしょうか？」

平行線的な話し合いだったが、決定的な反論にはあわなかったので、そろそろ切り上げてもよいかなと矢澤は思った。

「人事が現場に行ってそこまでやる必要はないと思うが、人材開発のあんたがやってみたいのなら特に反対はしない。しかし、とにかくトラブルを起こすことだけはやめてくれ」谷川はあくまでも面倒なことを嫌っているようだった。

「もちろんです。谷川次長にご理解いただけて嬉しいです。どうもありがとうございます。ところで、谷川次長からご覧になって、この人は話を聞いておいたらどうかとご推薦いただける方はいらっしゃいませんか？」

「急に言われても困るが、まあ考えておこう。もし適当な候補者が思い浮かべば連絡する」

「そうですか。では谷川次長、どうぞよろしくお願いします」と矢澤が一礼をしてミーティングが終了した。

谷川次長に真っ向から反対されずに済んだのでほっとしながら矢澤が席に戻ってくると、ヒアリング候補者の所属・氏名一覧表が置かれていた。パソコンで打ち出したシートに山口が手書きで数名を追加してくれている。添付の山口メモには管理職層（部・課長）約九〇名、中堅層（課長代理・主任）約五〇名をピックアップしたと記してあった。これに経営幹部一五名を加えると一五五名となる。それに加えて、若手約一五〇名の教育面談も予定しているので、合計三〇〇名程度との面談となる。骨の折れる仕事には違いないが、それぞれの人となりを知ることができる貴重な場になりそうだと、矢澤はワクワクしてくるのだった。

谷川とのミーティングの振り返り

帰宅してシャワーを浴び、夕刊に目を通しているうちに久美子は眠気を覚えベッドに横になった。普段はベッドでごろごろしたりしないのだが、今日は今後のインタビュー計画の了解を何とか谷川から取り付けることができたので、張っていた緊張の糸が少し緩んだのかもしれない。

「めずらしいな。こんな時間から寝てるなんて」肩をつつかれて目を覚ますと洋一が横にいて上から覗き込んでいた。

「あ、洋一。おかえりなさい。ウトウトしちゃった。ごめんね」

「いや、ぼくはもうシャワー浴びたから。何か飲む？」

「そうね、カロリーハーフのビールがあれば」それを聞いて洋一が缶ビールを持ってきてくれた。

「今日はどうだった？　次長さんとの話はうまくいった？」

「うん、何とかね。二時間くらいかかっちゃったけど、最後には何とか了解してもらって計画通りヒアリングができそう。納得という感じではなかったけどね」まだ少し寝ぼけ眼で応えながら、久美子はカロリーハーフを少し飲んで洋一に返した。

「そうか、それはよかった」と洋一は横に寝そべっていつものように腕枕をしてくれる。

「うん。でもいろいろ反論されてちょっと疲れちゃった。ヒアリングをすると人事に対する不満が出てくるとか、人材開発が担当なんだから階層別研修をちゃんと引き継いでくれたらいいとか。やっぱり、洋一が言ってたように人材開発＝『研修の計画表づくり』＋『研修の実施』と考えているみたい。でも最初からそれを予想していたので、私としては冷静にお話できたように思うんだ。心の準備ってやっぱり大切だね」

「それはよかったね。でも『研修の計画表づくり』＋『研修の実施』が人材開発だと思ったとしても仕方ないよ。その次長さん五〇歳すぎだろ？　その年代の人たちが人事の本流で育った時代はそうだったはずだよ。人材開発という言葉も使われてなかったんじゃないかな。教育訓練とか言ってたと思う。いわゆる教え込み」

「そうなんだー。職場での問題解決なんかは人事がいちいち口を出すことじゃないとか、個人の組織貢献をあまり言い過ぎるのはどうかと思うとか。社外通用力を高めるなんて表現は問題があるし、まして『社外からのスカウト』という言葉を使うなんてもってのほかだって叱られちゃった」

「大胆だなぁ、そんな言葉を使ったの？」

「そう、ついついね。だからそれについては私、素直に謝ったのよ」久美子が洋一の胸をつつきながら言った。そうしながら会話をしていると、落ち着いてきて考えがまとまるのだ。

「なるほどね。人事は制度づくりに励んで、その運用指示をしていればよいという感じかな。組織貢献を重視したり社外通用力を高めるという発想は、組織の安定を乱すということかもしれない」

「それもなるほどとは思うけど、人事部長方針としても『研修実施だけを目的にせず、社員のキャリア形成や職場・組織の問題解決支援を行う』というのが出てるのよ。それなのに、まだ自分にはピンとこないなんて言ってたわ」しゃべっているうちに、久美子は谷川との会話をはっきりと思い出してきた。

「ピンとこないか。その次長さん、正直だね。普通ならもっと自分の気持ちを隠して、役職を笠に着たもの言いをするもんだけど」

「そう言われればそうかもしれない。でも、私の言うことにはいちいち反対なの。『セルフ・キャリアマネジメント』が大切だと言ったら、仕事を与えるのは会社なんだから自分で自分の仕事を選んだり考えたりするなんて基本的におかしいとか。でもそう言いながらも自己申告制度のことを持ち出すんだよ。一〇年近くも前に自分が導入して定着しているって。でもよく聞いてみたら、その自己申告制度はほとんど形骸化してるのよ。なんか矛盾してると思わない？」

「そうかもしれないけど、そういうことはよくある話だよ。あまり言葉に過剰反応しないほうがいいよ。自分より一五歳近くも年下の入社したての女性に全面的にＹＥＳと言うのはどうもよい気がしない、というだけかもしれないし」

久美子が少し感情的になってくると洋一はなだめ口調になる。その気配で久美子も自分の状態に敏感になることができる。今日も鏡を見ているような気がした。自分の劣等機能といわれる、普段は意識していない部分だ。大きなストレスにさらされたりすると、久美子はいつもとは違って騒々しく軽口になってしまうことがあるのだ。

「年齢とか性別なんて関係ないと思うんだけど、そうでもないのかなー。他にもね、管理職がいて分業をしてるんだから人事が職場のディテールに口を挟むのは『おんぶにだっこだ』とか、制度の通知はきっちりやってるから内容は伝わっているはずだとか、組織の『よい人を採って』『さらにブラッシュアップして』『ミスマッチの場合でもファンのまま外で活躍してもらう』という人事の三つの役割だって、アメリカ型モデルは日本には通用しないなんて言うのよ。私がこのあいだ参加したアジア・アフリカ・南米・東欧から日本に研修派遣されてきた人事系の人たちのセミナーでも同じ話が出ていたから、決してアメリカ型のモデルなんかじゃないと思うんだけどな」

「そうかー、ことごとく反対意見を言われたんだ。かわいそうに。でも、結局は久美の案でやることになったんなら、よかったじゃないか。ミーティングは成果ありだよ」

「それはそうなの。私的《わたしてき》には冷静にお話ができたので少しは成長したとは思うんだけど、言うこと全部に反論されたような気がして。ちょっと愚痴《ぐち》を言ってみたくなっただけよ」

「なるほど。でも何はともあれうまくいってよかった」

「まあね、これも社員インタビューが人材開発の出発点だと言ってくれた洋一のおかげよ。明日から早速インタビューの具体的な準備に入れるので、とっても楽しみなのー」と言いながら、久美子は大きく伸びをして傍らに置いたカロリーハーフを飲み干した。

第3章　個別インタビューによる課題抽出——キャリア自立とマネジメントスタイル

インタビュー対象者の選定

　インタビューの準備にとりかかる前に、矢澤は昨日の谷川次長とのミーティングの様子をできるだけ具体的に山口に報告した。山口はにこにこしながら頷いたり相づちを打ったりして聞いていたが、矢澤が話し終わると確認をしてきた。「谷川さんは『キャリア形成』や『職場の問題解決支援』という人事部長方針のキーワードについてまだピンとこないとは言いながら、最終的には矢澤さんのインタビューには反対しなかったというわけですね」

「そうです。具体的な部分については、一つひとつ引っかかる点に対して感想とか反対意見をおっしゃいましたが、ご説明しているうちにトラブルのないようにやってくれるならよいと」

「それは私が直接、谷川さんから聞いている内容とほぼ同じですね。人事部の中でグループが分かれてはいますが、お互いの仕事情報をできるだけ事前に共有して、協働してやっていってもらいたいので、今後もそのような共有スタイルでよろしく頼みます」

「はい。谷川次長にも申し上げましたが、私も何ごとも事前にお話して、初めに揉めておいたほうが、結局は効率がよいと思っています」

「それは同感だ。人事部というところはとかく密室でモノを決めがちで、最終決定して修正の余地のない状態になってから公表するので揉めるんですよ。秘密にしなければならないトップシークレットは仕方ないとして、一般の社員に大きく影響を及ぼす人事制度や評価制度などは、方針をはっきり示したうえで最終決定前に現場に下ろし、現場からさまざまな意見を聞いたうえで最終決定すべきだと言っているんです。でないと、制度が導入されたあとで運用できなくなったり、社員が運用している『ふり』をすることに時間とエネルギーを使ったりという、何ともバカバカしいことが起こってしまう。まずは人事部内でそのようなことがないように、できるだけ物事をオープンにすることから始めたいと思っているので、ぜひよろしく頼みます」

「はい、私もそのようにしたいと思っています」

「では、まずはインタビュー計画をつくるところから始めてもらうことになると思ったので、候補者のリストを出しておいたのですが、もう見てもらいましたか？」

「はい、見せていただきました。今日はその件で確認をさせていただきたいと思っています」と言って、矢澤は約一五〇名の所属と氏名が打ち出されたシートをテーブルの上に出した。

「そう、これだ。部・課長の約三分の一の五〇名程度、課長代理・主任で約三分の一の九〇名程度を選んでみたものです。年齢、性別、出向・プロパーの別などは考慮せず、自分の意見や考え方が比較的はっきりしていて、夢やビジョンを持っていそうな人に絞っています。中には夢を熱く語り過ぎて、周りから少し距離を置かれている人もいますが、私はそういうエネルギーは大切にしたいと思っているのでリストには入れておきました。ただ、私もまだ社員全員とじっくりと話し合ったわけではないので、表面的に見える部分での私の主観になっています。厳密に絞ると五〇人もいないかもしれないが、ひとまず水増しをして一五〇名程度にしました。会ってみて物足りない人も多いかもしれないが、まあ闇雲に会うよりはいいでしょう。その人たちは会社や上司や部下についても自分なりの意見は持っていると思います」

「どうもありがとうございます。お忙しいところお手数をおかけしました。谷川次長にもお心当たりがあればご推薦くださいとお願いしています」

「谷川さんは何と言ってました？」

「えーと、確か『急に言われても困るが、考えておく』と。そして、『もし候補者を思いつけば連絡する』というようにおっしゃっていただけました」

「谷川さんはそう言ってましたか。どちらかいうと賛成ではないが積極的に反対するほどではないということですね。谷川さんの場合、反対のときははっきり『NO』と言うからね」

「すっきりとはされていないようでしたので、人事グループにご迷惑をおかけしないようにコミュニケーションを取って進めますのでどうぞご安心ください、と申し上げました」

「よろしく頼みます。それから、来週の経営会議で、『キャリア形成』や『職場の問題解決支援』についての出発点を明確にするために、矢澤さんがさまざまな人に対してインタビューを行う予定であることを口頭でアナウンスをしておきますから、具体的にはその後、個別に依頼文を出すなりして実行してもらえば結構です」

「分かりました。今週中に大まかなスケジュールを組んでおきます」

「インタビューの実施期間は、どれくらいを考えていますか？」

「そうですね、場所と人数をもう一度確認しないと何とも言えませんが、月二〇日稼働で平均一日三人にお会いするとして、三カ月以内には終了できるかと思います」

「一五〇名以上ですよ。三カ月とはかなりの強行日程ですね。大丈夫ですか？」

「今はまだ定型業務がありませんから、何とかなると思います」

「そうですか。それでは無理のない程度にスピードを上げてもらうということで、よろしく」

「はい。ではまた、進捗の報告に参ります」と矢澤が答えて報告が終了し、その後はインタビュー候補者リストの確認作業に移った。一人ひとりについて山口が把握している簡単な説明を受けるのだが、一五〇名もいるので結構な時間がかかる。昼休みのチャイムが鳴ってから、さらに三〇分ほど経ってようやく打ち合わせが終了した。

事前の根回し

遅めの昼食を終えて席に戻り、矢澤はこれからすべきことをイメージした。まずはインタビューシートを仕上げておくことが先決であるが、それと並行してインタビューの依頼状も何通りかの様式を用意する必要がある。経営幹部用、部門長用、部・課長用、課長代理・主任用など、少しずつ聞きたい項目が違うので、間違えないように段取りをして発信しなければならない。

それから、各地区にいる総務担当課長に挨拶の電話を入れておいたほうがよさそうだ。総務担当で面識があるのは、大阪出張のときに淀屋橋で挨拶をした小島課長だけだが、各地の総務担当者にはこれから何かと世話になるだろう。そしてスケジュールづくりも大切だ。全国に一五カ所の支社、事業所、分室などがあるので、隣接している所はできるだけ予定を連続させて効率的に回らなければならない。もちろん、相手がいることだから、急な出張等でインタビューができなくなることも充分ありえるが、それはそれで仕方がない。その場合は、また次回に会えるタイミングで話を聞くことにしよう。

それとインタビューの運営体制をどうするか。人材開発グループには教育係のときから研修を担当している若手が男女一名ずついるので役割分担を決めなければならない。基本的には自分がこのインタビュー企画全体を取り仕切ることにはなるが、可能であればインタビューのトレーニングとして、彼らも同行させたい。研修計画の合間を縫って、人材開発担当者自身の技量を上げる場にできればいいなと思う。役職者インタビューは難しいだろうから、後ほど行う予定の若手社員への教育インタビューのときに、ＯＪＴとしてその一部を任せてみるのがよいかもしれない。

そんなことを考えながら、今日のところはまず総務担当課長への根回しを終わらせておくことにした。来月、総務担当者の全体会議があるらしいが、そのときまで待ってはいられない。早めに挨拶をして大雑把でよいからインタビューの計画を耳打ちしておきたい。部門長経由で正式依頼状を出す前に概要だけでも知らせておけば、彼らも気持ちがいいだろう。

そう考えて、矢澤はまず大阪支社の小島課長に電話を入れた。

「東京の人材開発の矢澤です。この間は二日間、大変お世話になりました。とても勉強になりましたし、何人もの方をご紹介いただいたおかげで、入社早々の私にも大阪に知り合いができて、何だか安心感が出てまいりました。本当にありがとうございました」

受話器の向こうからは、小島のやや甲高い愛想のよい声が聞こえてくる。やはりあのとき、谷川次長のかばん持ちで大阪出張をしておいてよかった、と改めて矢澤は思う。初対面だとなかなかこうはいかないものだ。

「それで実は近いうちに、人材開発グループとして『キャリア形成』や『職場の問題解決支援』について、いろんな部署の方々のお考えを聞きに行くことを計画していまして、大阪支社にもまたインタビューでお邪魔したいと考えているのです。まだ具体的にスケジューリングしているわけではないのですが、今週中くらいに大体のスケジュールは作りたいと思っています。正式には来週の経営会議で山口取締役からアナウンスがある予定です。小島課長にはその後に支社長からお話があると思いますが、会議室の予約やいろんな段取りをお願いすることになると思いますので、事前に概要だけでもお知らせしようと思いましてお電話しました。また、来週以降で具体的にご相談をさせていただきますので、どうぞよろしくお願いします」

「いいですよ。じゃ、電話お待ちしています」という愛想のよい声を聞きながら、矢澤は電話の向こうの小島課長にお辞儀をしながら受話器を置いた。

続けて水戸事業所の白井労務課長に電話を入れる。気難しいが仕事を頼めばきっちりやってくれる労務課長だと谷川が言っていた人物だ。

「はーい、白井ですがー」という低く抑揚のない声が聞こえてきた。営業と設計が同居している大阪支社と違い、製作と調整業務がメインの事業所だ。営業系の支社とは雰囲気も違うのだろう。また白井自身も親会社の重機械メーカーの工場労務担当として長年やってきているだけに、お客と頻繁に接して会話するような業務はしてきていないはずだ。小島課長とのギャップを感じながらも、初対面の大切な電話だけに気を取り直して自己紹介を始める。

「私、この七月から人材開発グループに配属されました矢澤久美子と申します。まだご挨拶に伺えておりませんが、まずはお電話でもと思いましてご連絡させていただきました」

「あー、矢澤さんね。聞いてるよ。山口さんにスカウトされたんだって？　お手柔らかに頼むよ」

「お手柔らかにだなんて。私のほうこそ、分からないことだらけですので、今度お伺いするときにいろいろと教えていただきたいと思っています」

「今度お伺いって、あなた、こんな遠くまでわざわざ来なくてもいいよ」と、白井からいきなり警戒シグナルが送られてきた。本社からの統制を嫌っているのかもしれない。

「いえ、それが、近いうちにお伺いすることになりそうなので、先に電話でご挨拶をと思いまして。実は今度発足した人材開発グループとして、『キャリア形成』や『職場の問題解決支援』について、全社的にいろんな方にご意見をお聞きしたいと思っていまして、白井課長のいらっしゃる水戸事業所にもお伺いする予定をしているのです」

「『キャリア形成』とは、何か難しそうな話だな。うちは〈日本橋〉と違って忙しい人が多いから嫌がられるかもしれんよ」

「ええ、お忙しいのは承知していますが、人事部としても自己申告制度などの制度がうまく機能していないとか、期待していた若手が辞めてしまうとかの問題があるようですので、現場実態に合った制度の運用や改廃、それに新しいマネジメントの仕組みが必要ではないかと考えています。それで、実際に制度を運用していらっしゃる皆様の生の声をお聞きしたいと思っているのです」

「あー、そういうこと。そのこと谷川さんは知ってるの？　何か言ってなかった？」

「ええ、谷川次長にはインタビューの計画段階からお話をしています。了解というのも変ですけれど、迷惑をかけないようにやってくれたらよい、というお話はいただいています」

「そう言ってただろう。今までにも評価制度だとかＯＪＴの仕組みだとか言って、人事や経営企画からいろんなアンケートを書かされたり、こちらの状況を報告させられたりして調査されてるが、一度としてアンケート結果をこう使ったとかの報告もないし、役に立ってありがたいと言われたこともないんだ。いくつかの部署から重複して似たような調査をされたこともある。窓口は一つにしてもらいたいもんだよ、まったく。まあ、あなたにこんなことを言う筋合いじゃないのは分かってるけどね。そういうこともあるから、みんな警戒してあんまり歓迎しないかもしれないよ。こっちはあなたのこと違って、現場を持っている事業所でみんな忙しいんだから」

「そうですか、人事部としてご迷惑をおかけしていたのですね。知らないこととはいえ、どうも申し訳ありませんでした」

「いや、あなたに謝ってもらう筋合いの話じゃないんだ」謝られて白井のトーンが少し変わった。

「いいえ、仕事は引き継いだときから私の責任ですから。そう言われれば、確かに谷川次長も『人事は面倒なことをする〈日本橋〉の代名詞みたいに社内で言われてるんだ』とおっしゃってましたが、そういう意味だったのですね」

「谷川さん、そう言ってただろう。分かっているなら、ちゃんと対応してくれりゃいいものを。あなたも大変だね、あの堅物の谷川さんと歩調を合わせてやらなきゃいけないんだから」

「谷川次長はかっちりされていますから。ですから、ちゃんとご説明をすればよく分かっていただけるという印象を私は持っています。それで今回のインタビューですが、各部署での要員育成についてのお考えをお聞きして、ナップスの人材開発にドライブをかけようと考えていますので、お聞きしたお話やいただいたご提案については、折に触れて必ずフィードバックさせていただきます。聞きっぱなしには決してしませんので、どうかご協力ください。来週の経営会議で山口取締役がアナウンスされますので白井課長にはその後に所長からご連絡があると思います。その前に概要だけでもお知らせしておこうと思いまして、ご挨拶がてらご連絡をさせていただきました」

「そういうことね。それはどうもありがとう。事業所の事情とか感情を分かってもらえればそれでいいんです。ちゃんとコミュニケーションを取ってやってくれれば、こちらも協力はしますから。では矢澤さん、こちらに来られるときはまた連絡してください」白井の反発トーンが和らいだので矢澤は少し安心した。

「ありがとうございます。また応接室の予約とか時間の段取りとか、いろいろとお手数をおかけすることになると思いますが、どうぞよろしくお願いします」
「はいはい、じゃあよろしく」
受話器を置いてから時計を見ると一〇分ほど経っている。たった一〇分の電話だったが、肩に力の入る会話だった。谷川は白井課長のことを「気難しい」と言っていたが、どうもそれは事業所に対して〈日本橋〉がやっている配慮のなさに対する反発ではないのか、と矢澤には思えた。

これは社内のヒアリングのときによくある。忙しいときに、企画や人事など本社の複数の窓口から似たような内容について統一感なくバラバラにヒアリングされたり、書類の提出を求められたりして迷惑するという話だ。

そして、そのヒアリングに協力しても、お礼を言われるどころか、そのデータを使ったのかどうかの連絡もない。ヒアリングする側は、ヒアリングが終了した時点でその仕事は完了した気がするのだが、ヒアリングされた側からすれば話はその時点から始まるのだ。矢澤も今までに似たような経験をした覚えがあるのでよく分かる。忙しい時間を割いて提供した情報、思いを込めて語った話や提案をヒアリング側がどのように扱ってくれたのかはとても気になるものだ。

提供した情報が最終的に大きく役に立ったかどうかという内容的な問題ではない。「あの話はこのように検討させてもらいました」という、ちょっとした配慮のひと言があれば、また協力しようという気にもなるのだが、この配慮がないために社内ヒアリングやインタビュー調査と聞いただけで拒否反応を起こしてしまうのだ。だから、ヒアリングやインタビューを行ったときは、しかるべき期間をおいて、情報提供者に対しその調査の進捗状況を報告しなければならない。白井課長の話はまさにこれだった。

人事は面倒なことをする〈日本橋〉の代名詞と社内で言われるのは白井課長が気難しいからではなく、ほぼ間違いなく人事部の基本的なコミュニケーション不足の問題なのだと矢澤は思った。

その後、同じように各事業所の総務課長に電話を入れて挨拶を兼ねたインタビューの根回しを行ってから、事前に配布しておくアンケートと依頼状の作成にとりかかった。

個別インタビュー

お盆休みはあったが、矢澤は夏場の約三カ月をかけて一五の支社、事業所、分室への出張を続け、十月の半ばには、役員を含めておよそ一五〇名に対する個別インタビューを終えた。

内訳は経営トップクラス（取締役、執行役員／部門長）が一五名、部長クラスが約二〇名、課長クラスが約三〇名、課長代理・主任クラスが約八〇名だった。急な出張や客先トラブルの発生などで、山口取締役が示してくれたリストから一〇名ばかり減りはしたものの、全社員の七％近くの人々とかなり密度の濃い話し合いができた。**これほど組織横断的に現場の生の声や気持ちを聴くことができる職種は、人材開発担当を除いて他にはないだろう**と矢澤は思う。経営企画担当が社内にヒアリングをかけることもあるが、「べき論」が前提になって建前の会話に終始しがちだし、社内で評価側と見られている人事担当では、いくらインタビューだと言っても、相手は構えてしまって自然体で話をしてくれることは少ない。

人材開発担当でも、現場に出かけてこそこれが可能になるのだ。研修事務局として研修計画表を作り外部講師に依頼して研修立ち会いをやっていては、社員の生の声は聞こえず組織が抱える課題も見えてはこない。矢澤は人材開発グループの若手には、ぜひとも早い時期にこういったインタビューの場を経験し、現場型人材開発の感覚を養ってもらいたいと改めて思った。

組合執行委員たちの思い——組合の存在価値はどこに

インタビュー実施の波及効果として想定外のありがたい出来事があった。それは、開始して二カ月近く経った、まだ残暑の厳しいある日、ナップス労働組合から人材開発グループ長のインタビューに参加させて欲しいという申し入れがあったことだ。結局、谷川からのインタビュー推薦者はなかったが、「労組には私から話をしておくから、ひょっとすると元気のいい誰かが何か言ってくるかもしれないぞ」とは聞いていた。それで矢澤は労組のことが気にはなっていたのだが、連続出張の忙しさにまぎれて忘れてしまっていた。

その労組幹部が話をする機会を持たせて欲しいといって訪ねてきてくれたことによって、山口リストに入っていなかった中央執行委員長や執行委員メンバーらナップス労組を代表する五名の人たちから、組合の状況と執行委員たちが議論している問題点を聞くことができたのだ。もちろん、支部の執行委員をしている課長代理や主任には会ってインタビューをしてはいたが、それは組合を意識しての話ではなかったので、労組から話を聞くという意味ではナップス入社以来、はじめての経験になった。内容は総じて言えば、ナップス労組に固有のものではなく、他の多くの組合が抱えている問題と共通すると思われた。概要、それは次のようだった。

他の大手企業同様、組合の春闘機能があまり重きをなさなくなってしまった現在、ナップス労組としての存在価値をどこにおいて、どのようなメリットを組合員に示していけばよいのか、ということが盛んに議論されている。もちろん、賃上げ以外の交渉ごととして一時間単位での育児や介護、看護のために有給休暇を取得できる制度など、育児・介護関係の今日的な要求を出しているのでそれなりの存在意義はあるはずだが、以前と比べて存在感が薄くなってきているのも事実だ。組合に所属することのメリットを組合員に明確に示すことができなければ、そのうちお客である組合員から見放されてしまってナップス労組は「倒産」するのではないか、という危機感を訴える執行委員もいる。組合はいま確実に転機を迎えている。

確かに、二ケタの経済成長の中にあって企業業績が伸びていた時代には、その業績アップをもたらした原動力である従業員に対しての利益配分を賃上げという形で勝ち取るために、会社側と闘う組合の存在は欠かせないものだった。個々の従業員一人ひとりがバラバラでは会社に対して大した要求もできないが、月四〇〇〇―五〇〇〇円の組合費を支払って組合員となり、ナップス労組という団体の執行部に会社との交渉を委託することによって、支払っている組合費以上の見返りが、賃上げという形で毎年確実に実現できたのである。春闘が大いに盛り上がって大幅な賃上げが実現していた時代には毎月の組合費など安いものだった。

ところが、昨今は様子が違ってきている。ナップスでは定期昇給こそまだ実施されてはいるが、ベースアップはすでに廃止された。そして、数年前から成果主義による人事評価制度が導入され、それにドライブをかけるように早期退職優遇制度まで導入されてしまった。もちろん、ナップス労組としては抵抗した。しかし現時点ではまだかろうじて利益が出ているとはいえ、経済の立ち直りが悪く顧客の設備投資が低迷していることに加えて、イノベーションによるコンペチターとの製品競合が激しくなっている環境にあって、業績が確実に下降曲線をたどっているのは事実だから、全社一丸となってコストを下げて業績を回復させ、さらに向上させるためには社内の筋肉質化が避けられないという経営側の理屈に押し切られた格好になってしまった。

そういう流れのなかでも、現在、ナップス労組がやっている組合員への直接サービスは、以前から続けているソフトボール大会や家族慰安会、少し進んだものとしても他社の工場見学会&交流会や著名人を招いての春秋の講演会、それに個別相談としてセクシュアル・ハラスメントやパワー・ハラスメントなど職場での相談ごとなどに留まっており、組合員を強くするという観点でのサービスにまでは立ち至っていないのが現状である。

このたび人事部の中に人材開発グループが発足して、キャリア採用で入社した矢澤グループ長が役職に関係なく個別インタビューをするらしいということは、谷川次長との雑談の中で知った。谷川さんからは、これは組織活性化に向けて施策を探るためのインタビューであると聞いてはいたが、早期退職優遇制度の応募者がほとんどいなかったらしいということが組合で話題になっていたこともあって、その個別面談は会社側が早期退職優遇制度を促進するために仕掛けた第二弾の施策ではないかと、組合内で警戒する声が出ていた。

そこで、われわれもこの二カ月ほどの間に実際にインタビューを受けた組合員から情報収集をしたところ、当初の懸念はどうやら取り越し苦労だということが分かってきた。管理職に対してのインタビューは情報がないので把握できていないが、主任や課長代理など四〇名程度の組合員からの報告によると、人材開発グループ長の矢澤さんのインタビューはとても刺激的で前向きだということで共通している。時間は小一時間程度だが、矢澤さんと話をしていると何だかとてもやる気が湧いてきて、もう少し時間を延長してもらいたいくらいだったと言う人もいて、あれは早期退職優遇制度の促進策とは違うらしいということになった。われわれは少し勘違いをしていた可能性がある。

そこで、先に述べたようにナップス労組としての提供価値を模索している中央執行委員のわれわれとしては、組合員を強くするサービスについて、いっそのこと矢澤さんに知恵を借りることができないだろうかと考え始めた。もちろん、矢澤さんがしている個別インタビューは、人材開発グループとして会社側の意図を汲んだうえでのオフィシャルなものであるはずだが、われわれが模索している組合員に対する春闘にプラスする新たな価値提供とどこかで通じるところがありそうな気がする。オフィシャルの土俵に乗るか乗らないかは別にして、インタビューが一段落したところで、一度、相談に乗ってはもらえないだろうか。もし、人材開発グループとタイアップして共催できそうな企画があればありがたいし、それが無理でも、われわれ独自の企画を考えていくに際して何かヒントをもらえると嬉しい。

これだけマーケットの変化が激しくなっている時代には、会社側としても組合員の持っている市場情報や顧客の現場情報を有効に抽出してタイムリーに活用できなければ、効果的な意思決定には結びつかず、結果として企業としての中長期的な競争優位は保てないはずだ。現場情報から遠くにいる非組合員（＝管理職）に間違った意思決定をさせないためにも、非組合員のレベルアップに会社としてはさらに取り組むべきだと思う。

それと同時に組合としては、組合員の実務処理の技能、そして市場や顧客の情報収集能力をアップさせる支援策を会社側の教育だけに頼るのではなく、ナップス労組としても模索して取り組むことによって、組合員一人ひとりの実力を高め、会社側に辞めないでくれと言わせる組合員にしていきたいと思っている。そのことによって、組合員一人ひとりの自己実現が可能になるであろうし、会社からの利益配分を最大限にしていく土台を作っていくこともできるだろう。いずれにしても、ナップス労組としては会社側と敵対的な関係をつくることは好まず、緊張関係を維持しながら共存共栄を図りたいと思っているのだ。

ブランド・ハップンスタンスの実感

組合執行委員からの申し入れで、組合員を強くする施策についての相談を受けたことは、矢澤久美子にとって思いもよらない方向からの賛同の声としてとても嬉しい出来事であった。執行委員のひとりが言っていた通り、一時間ばかりのインタビュー終了の時点で、かなりの人のモチベーションが上がっていたであろうことは、その人の表情の変化によって認識できた。たとえば、ネガティブな話をする人の感情を受け入れたうえで、話の中で見えてきたその人の強みを言葉に出して確認し、その人が目指している方向について質問してから、実行してきた行為を承認してあげるだけで、相手は「自分を取り戻せた気がして希望が湧いてきた」と言ったりするのだ。

もとより矢澤にはこの個別インタビューが会社全体にとっての活性化策になるだろうという自信はあったものの、どの程度の期間でその効果が表れるのかは予測がつかない状態で開始したことも事実だった。それが、二カ月程度のあいだに、インタビューの様子が労組の中央執行委員に届いたうえ、その情報を踏まえた相談ごととして直接、執行委員たちが自分を訪ねてきてくれたのだ。そうだとすると、当初、谷川次長に「忙しい人の時間を割くのは部門からの苦情を誘発しかねないからいかがなものか」と反対された今回の企画だが、やはり価値のあるものだったことがある程度立証されたことになる。

矢澤自身、このインタビューが労組からどのように見られているのか気になっていたことも事実だ。たとえインタビューの趣旨を「部下育成の問題点」や「自己啓発状況の把握」などと説明したところで、執行委員がいみじくも言っていた通り、うまく回っていない早期退職優遇制度の促進を、人事部が「人材開発グループ」と名称を変えてやっているだけではないか、と勘ぐられても仕方のない状況があった。この制度への応募者がゼロだったことは矢澤も知っていた。

個別インタビューの真意を理解してもらえただけでも嬉しかったのだが、それに加えて、社員を強くするための何らかの方策を労組と共催で考えられないだろうかと相談されたことは、矢澤にとっては刺激的なことだった。

労組と共催で何かをするなどということは、矢澤の発想にはまったくなかったことだ。しかし、よく考えてみると執行委員が労組の中で議論になっていると説明していた通り、「組合費を払い続けて労働組合に所属することのメリットとはいったい何か？」と正面から問われると、なかなか適切な答えが思い浮かばないのが現状だ。好むと好まざるとに関わらず、そういう時代になっているのだ。とてもよい勉強をさせてもらったと思う。やはり、自分から何かを仕掛けて実際に行動してみると、意図していなかった別のできごとが偶然のように起こって、自らの学習が深まり広がるものである。これはキャリアカウンセリングで「プランド・ハップンスタンス・セオリー」といわれている状況だ。偶然は、実は必然だともいえるのだ。この経験をすることができて矢澤は嬉しかった。

プランド・ハップンスタンスとは、「いかにも初めから計画されていたかのごとく思えるような偶然の出来事」といった意味で、Curiosity（好奇心）、Persistence（持続性）、Flexibility（柔軟性）、Optimism（楽観性）、Risk-Taking（冒険心）の五つを使ってこの「プランド・ハップンスタンス」を作り出すことが、「人生の質」を深めると、ジョン・クルンボルツ（Krumboltz,et.1999）らが述べている。これはキャリアカウンセリングの理論のひとつなのだ。

インタビューの集約

このようにして、一五〇人ほどのインタビューを終えてから矢澤は集計に入った。ビジョンやミッションに関する経営的な課題も出てきていたが、ここでは人材育成をキーワードにして、「人と組織に関わる問題」に焦点を当て、問題、課題、対策案、意見などを取り出して整理していく。

1　若手技術者の退職

キャリア採用（中途採用）組も多くなってきたとはいえ、ナップスは今でも定期的な新卒採用を中心にしている会社だから、まずは若手技術者をどう育成するかということが大きなテーマであることは間違いない。それに加えて、特にここ最近では、新卒入社三年目くらいまでの第二新卒世代ではなく、三〇歳前後（五—一〇年目あたり）の若手技術者が辞めていくという問題が多くの職場で共通しているとのことだった。

入社五—一〇年目というのは、会社からすでにかなりの教育投資をされてきて自分の仕事を一通りは自分で回せるようになっている時期だ。自分の部署だけではなく、会社全体の様子も何となく見え始めている。また自分の下にも後輩が一人二人はついていることも多い。会社に対していっぱしの意見が言えるようにもなっている。つまり、会社に対する批判も口にはするが自分なりの提案もできるようになってくる時期で、社会人、企業人としての自分に、ある程度の自信を持てるようになってくる年代なのだ。こういった人材が辞めてしまうのは大きな問題であり、経済的観点からいえば損失でもある。

人材ビジネス業界で仕事をしてきた矢澤は、この年代が転職を考える二回目の時期だということを知っている。一回目は入社二—三年目までのいわゆる「第二新卒」の時期だ。キャリアの考え方から

●図表6　若手職業人のセルフ・キャリアマネジメント（キャリアの自己管理）の要素

	本人に求められること	定着を促進するための職場の要件
1	若手第1期 ・組織と仕事に早くそして上手にエントリーする ・喜んで下働きをするメンバーになる （これらに失敗すると、いわゆる「第二新卒」となる）	①上司、先輩からの具体的な期待の表明と目標の提示、意味・全体像 ②エントリーでの阻害要因の除去
2	若手第2期 ・「キャリア」についての考え方を知る機会を得る ・自分の興味（動機に基づく自然行動は何か）、価値観（大切にしている考えや信念は何か）、スキル（自分ができそうなことは何か）を発見する（キャリアの3要素） ・キャリア形成計画を作成して、まずは実行する	①仕事と生き方を関連づけるための上司の日常的な会話 ②キャリアの3要素を意識できるような上司との会話 ③自分のキャリア要素を深められるような仕事の配分と仕事支援

（注1）「キャリア」とは、仕事、職業、経歴等を中心課題に据えた人生全体（＝生き方）
（注2）若手第1期は、①自己主張をせずに指示通りに行動する時期、②代替案を持たずに愚痴や批判などの自己主張をし始める時期、の2つに分かれる

いうとキャリアのエントリーでの失敗で、「若手第一期」での転職（図表6）。二回目はキャリアのエントリーには成功したものの定着における失敗で「若手第二期」での転職となる。いずれにしても、中堅に至るまでの時期は上司・先輩の関わりが極めて重要である。ここでの脱落が多いということは、マネジメント（要員管理）に問題がある可能性が高く、ナップスでも管理職のマネジメントスタイルを点検し直す必要がありそうだと矢澤は思った。

若手第一期での転職者の共通項としては、①仕事の意味、つながり、全体感が持てるような上司・先輩との会話がない、②上司・先輩からの自分に対する具体的な期待の表明がない、また目標の提示がなく放ったらかしにされている（期待さ

れている気がしない）、③入社早々だから意欲は高く、何とかしたいと思っているので相談しようとはするのだが、「そんなにあせるな」と肩透かしを食らわされる、相談に乗ってもらえない、突き放されている、といったことが挙げられる。

また、若手第二期では、①仕事の全体像や意味性、そして仕事と人生の関係を感じられる会話がなく仕事が味気ない、②自分のキャリア特徴を意識できるような会話がない、③当事者意識を植えつけたり深めたりするような投げかけ（質問など）がない、④したがって、自分のキャリアが深まっていく気がしない、この会社でこのまま仕事をしていても自分の能力は伸びないという確信に変わってくる、という共通点が見られる。

若手技術者のインタビューは未実施なので実態はよく分からないが、インタビューするときには今回の情報を踏まえて、若手の退職とマネジメントとの関係に十分注意しながら話を聞く必要がありそうだと矢澤は思った。

2　若手技術者の育成

若手技術者に関しての重要案件である「早期育成」についても、共通した意見が上がってきた。

〈育成の基本姿勢〉については、「全体の底上げは図るが、ポテンシャルのありそうな人材を伸ばす施策が不可欠」だという意見が大勢を占めていた。

もともと、ナップスはおっとりしてギスギスしたところがないので、「安心してつきあえる会社」というのが業界での定評だった。しかし、社会の変化が激しくなってきている昨今、その特徴だけで受注を増やしたり、リピートオーダーにつなげることは難しくなってきたのも事実だ。業界では浜松町に本社のある伸び盛りの競合他社S社と比較して、「仕事をするなら〈浜松町〉（S社）、ゆっくりするなら〈日本橋〉（ナップス）」と揶揄《やゆ》されているとのことである。この八・五調の言い回しは、会社訪問に来る学生でも知っているとのことで、社外にもかなり広範囲に流布しているらしい。そのようなことがあるからか、問題意識の高いキーパーソンたちからは、社内トラブルは避ける必要はあるが、「護送船団型」ではなく、ぜひとも「選抜型」の社員育成姿勢を打ち出すべきだ、との意見が数多く出された。

〈職場の問題点〉としては、①ＯＪＴが機能していない、②身近なベテランやお手本となる人材が不足している、③対人折衝、文章化、表現力に難のある若手社員が多い、④対外通用力（市場価値）、チャレンジ精神、情報収集意欲に欠けている、等が共通しており、上司のマネジメントの課題が浮かび上がってきた。また、少し種類の違う問題として、⑤役職定年者などの年配者が「上がり」状態になってしまい、仕事を流しているところが見受けられるという指摘もあった。

〈教育内容（テーマ）の優先順位〉は、①自主性、自立（律）性、責任感を持たせる意識づけ教育、②プロジェクト管理技術、見積・提案力、業務分析・解析手法、システム基本設計、③客先応対、プレゼンテーション技術、などが上位に位置づけられたが、①から考えて若手第二期のセルフ・キャリアマネジメントが欠かせないと思われた。

〈育成方法〉については、外部から講師を招いて「プロジェクト管理技術」「見積・提案力の強化」「営業センスの向上」を行うべきだという声が目立った。技術系出身ではない矢澤はもともと、研修講師は可能な限り自社内で調達するのが好ましいという考えを持っていたのだが、インタビューを進めるうちに専門技術は外部専門家に依頼することが必須なのだと思い直していた。

このようなことから、①若手第一期の「組織エントリーの失敗」を未然に防ぐための管理者側のマネジメント、②若手第二期の「仕事と個人の融合」を促進して「仕事のできる中堅」に導く管理者側のマネジメントスタイルに関する課題、および③若手および年配者自身のセルフ・キャリアマネジメント（キャリアの自己管理）の促進という課題の優先度が高そうに思われた。

３　中堅層以上の要員管理スタイル

若手技術者の育成とともに重要な課題として出てきたのが、上司・先輩の要員管理の問題点だった。つまり、①上司・先輩自身が、部下に対して身近なベテランやお手本になる自信を持ちきれていない、②部下をなかなか叱れない、③部長・課長がほとんど席におらず、部下の仕事の状態や気持ちを把握していない、④業務請負で長期間（一―二年）客先に入り込んでいる部下とコミュニケーションをとっておらず実態として上司・部下の関係が存在しない、⑤名前を含めて部下のことを掌握していない（部下のフルネームを知らない）、⑥部下の退職を慰留せずに「裏切り者」と呼んだり、逆に流出を奨励するような発言をするなど、部下と密な関わりを持たずに放っているケースが多数見受けられた。いわゆる「操作」か「放任」かの二極分化で、ひと言でいうと職場でのＯＪＴがほとんど機能していない状態だと言えた。

高度成長時代であれば、次から次にいろんな種類の仕事が生じてくるので、放っておいても誰もが

●図表7　本来のＯＪＴ（オン・ザ・ジョブ・トレーニング）

ＯＪＴとは、
①職場の上司や先輩が、自分の部下や後輩に対して
②ある程度明確な育成目標とそのための計画を持ち
③意識的かつ継続的に
④能力開発やスキルアップに向けた動機づけのための対話を
⑤1対1のミーティングで行いながら
⑥現場での職務遂行を通して
⑦（社外でも通用する）企業人としてのレベルを上げていくための
訓練ないしは能力開発のことである

量的に負荷のかかる状態で仕事に取り組まざるをえず、「量」的に負荷のある仕事をこなしていくうちに、自然と仕事の「質」が変化して技能が向上していった。つまり、マネジャーが大して部下に関わらなくとも、部下のほうは現場の仕事を通して専門性や市場価値を向上させて組織に貢献できる人材に成長できる環境があった。しかし、昨今は様子ががらりと変わっている。仕事の量がそれほど増えないので、放っておくと部下には成長機会が来ない。部下を育成しようとする姿勢をもって意図的に部下にアプローチする必要があるのだ。部下と向き合ってコミュニケーションをはかり、仕事をひとつずつきっちりと回していかなければならない時代になっているのにそれができていないのだ。つまりは、本来のＯＪＴ（図表7）に立ち戻るように、マネジメントについて再学習し、管理職および管理補佐職の要員管理のスタイルをいま一度、仕事の実情に合わせて見直さなければならないという課題が見えてきた。

簡単なようだが案外できていないのがこのＯＪＴである。図表7の①と⑥をやっていればＯＪＴになっていると勘違いしている管理職はまだまだ多い。つまり、「職場の上司や先輩が自分の部下や後輩に対して、現場の職務遂行を通して」仕事結果を管理することがＯＪＴだ、

という誤解である。この場合、人材育成はなおざりにされて、仕事結果だけがクローズアップされることになる。

４　中堅層以上のキャリアの自己管理

管理職および管理補佐職の要員管理スタイルを考えるときに欠かせないのが、その人たち自身の「キャリア」の問題だ。キャリアとは「職業、仕事、経歴等を中心課題に据えたその人なりの人生全体（＝生き方）」であるから、部下から見るとそれは「上司・先輩の生きざま」なのだ。良し悪しは別にして、「上司の生きざま」や「その生きざまから出てくるひと言」が部下に大きな影響を与える。逆に「生きざま」を示せない上司・先輩からは「こんな頼りない人を上司とは思えない」というネガティブな感情しか湧かないだろう。

インタビューで、「部下にとっての身近なベテランやお手本になること」に自信が持てない、また部下を叱れないという上司・先輩が多いことが明らかになってきたが、これはその上司が自信を持って「環境変化の中での自分の生きざま」を部下に見せることができないということを示していると思われた。確かに、自分の生きざまがはっきりしていないと相手に対する説得力が出てこず、部下に対して自信を持ったひと言を発することは難しいだろう。**部下育成の第一歩は、上司・先輩がまず自分自身のキャリア観を明確にして、部下に「環境変化の中での自分の生きざま」を示せるようになること**なのだ。われわれは「職業人として、今の時代をいかに生きるか」という自分自身の課題の中で、自分に与えられた仕事と自分のキャリアの三要素（興味・関心、価値観、能力・スキル）とをすり合わせ

●図表8　中堅および中高年職業人のセルフ・キャリアマネジメントの要素

中堅の職業人

①自分の興味（動機）、価値観、スキルを再確認する
②組織におけるリーダーシップ（対人影響力）について知る
③自分の職業人としての価値を現実的に評価する
④市場価値向上計画を作成し実行する

中高年の職業人

①自分の半生を鳥瞰し、自分のキャリアの拠り所を認識する
②人生後半のキャリアを設計し、その実現に向けての努力を始める
③中堅、若手の後援者としての役割を認識する
④職場の「組織風土改革」のキーパーソンであることを自覚する

（注）「キャリア」とは、仕事、職業、経歴等を中心課題に据えた人生全体

ながら、職場で「自分らしい生きざま（＝キャリア）」をつくっているのだ。上司として部下に仕事をさせるということは、好むと好まざるとに関わらず部下のキャリア形成に関わることなのだから、まず自身が自分のキャリアを意識しておくことが前提となる。自分が意識したことのないものを人に意識させることはできない。

そしてこのことは、上司・部下関係だけの問題ではなく、定年が近づいてきた年配者が「上がり」的感覚になって、日々の仕事に手を抜いてしまいがちになるという問題の根っことも関係してくる。定年後の自分らしさは日々の充実度合いによって培われる。手を抜いた仕事を続けていると、人生の充実感のうえで定年後に手痛いしっぺ返しを食うことになり、取り返しがつかない人生の悔いになりかねない。その意味で、どの年代であっても自分を長期的にハッピーにしていくキャリアの自己管理という概念は欠かせないものなのである。

良い会社というのは、会社としての業績が上がっていて、しかもその中で個人が生き生きと仕事をしているような会社をいうのだろうと矢澤は思っている。個人の活力と会社の業績が並存している状態だ。それは「人の活力ある活動によって会社の業績が上

がり、その成果を上げるプロセスを通してその人にも次なる活力が生まれる」という「成果を志向した組織の良循環サイクル」がまわっている状態なのだ。もちろん、それ以外に組織風土改革の考え方の中で言われている「個と個の関係性」が重要なファクターとして存在していることも忘れてはならない。

人の活力の原点が「自分らしい生き方や生きざま（＝キャリア）」に基づいていると考えると、山口の言う〈燃える集団〉づくりの取っ掛かりとして、中堅層以上のキャリアマネジメントをテーマとして取り上げることが必要だと矢澤は考えはじめていた（図表8）。

話を聴けない管理職

矢澤久美子の住む下北沢のマンションは高台に位置することもあって、十月半ばともなると少し寒いくらいの夜もあるのだが、今夜はベランダにいると心地のよい気温だ。ここ三カ月ばかり出張がちで洋一とゆっくり話をする機会がなかったが、ようやくインタビューが一段落したので、今晩は久しぶりに夜景でも見ながらお酒を飲むことになっていた。

「あーぁ、連続出張で疲れちゃった。はじめは調子がよくって、この分なら九月中に終了できちゃうかも、なーんて思ったりしたんだけど、夏休みとかお盆休みがあって、結局三カ月もかかっちゃった」久美子はベランダに出てきた洋一に声をかけた。

「全国に出かけて一五〇人もインタビューしたんだから、三カ月で終われば上出来だよ」洋一はそう言いながら腰をおろした。

「でも、もう少し効率よくできたかもしれないと思ったりして」

「久美は相変わらず欲張りだな」

「それならいいんだけど」とつぶやいてから、久美子は聞いてみる。

「ねえ洋一、どう思う？　インタビューしてみたらね、どうも管理職のマネジメントがうまくいってないみたいで、三〇歳前後の若手社員がいろんな部署でポロポロと辞めてるんだって。キャリア採用者も含めて入社二年以内の退職率が一〇パーセントを超えてるのよ。若手が辞めるのは職場にいい影響を与えないし、山口さんがおっしゃる〈燃える集団〉づくりにはマイナス要因だなーと」

「確かに若手社員の退職というのは職場のモチベーションには水を差すけど、それが早めに分かっただけでもよかったじゃない。まだ入社して四カ月にもならないんだから、インタビューは成果ありだね。何か手が打てるかもしれない」

「そういう意味では確かによかったんだけどね。でもあれじゃあね……」

「なに、その『あれじゃあ』って？」

「管理職は指示命令的な人がとても多いの。人柄は良いし口調も柔らかくて決して悪い人たちじゃないのはよく分かるんだけど。でもねえ、なんか部下たちと会話するときに自分の意見が出すぎちゃうのよね。もちろん、管理職として自分の意見をはっきり持っているのは当然なんだろうけど、何と言うか……部下の話を聴けてないのよ。メンバーとの会話では自分がほとんどしゃべっちゃってるの。アドバイス自体は的確らしいんだけど、メンバーのほうはもう少し言いたいことがあるみたいで少し不完全燃焼の会話っていう感じかな……」

「なるほど、会話の効率はよくて話は早く終わるけど、相手の中ではまだ終わっていないんだ。ということは、いわゆるデータ系の情報を『耳で聞』いて、自分が知りたいことを『口で訊』いている状態なんだろうね。整理しきれていない現場感覚系の情報や相手の気持ちなんかを『心で聴きとる』状態ではないので、相手からすると何か物足りなさを感じるのかもしれないね」

「そうそう、そんな印象。そういうときはどうしたらいいんだろう？」

「そうねえ」と言って洋一は考え込んだ。ビールを飲みながら遠くを見ている。久美子もマドラーでグラスをかき混ぜて新宿方面の灯りを眺める。きれいな夜景のなかに静かな時間が流れる。さっきつくったグレープフルーツサワーを飲みながらしばらく待っていると、洋一が口を開いた。

質問技法とリーダースタイル

「そこから〈燃える集団〉づくりというのに取りかかってみるっていうのはどう？　不完全燃焼の会話が少しでも完全燃焼に近づくように、上司の会話スタイルを変える策を入れてみるとか」

「聴き方トレーニングでもやるってこと？」

「それもいいかもしれないけど、せっかくやるのなら一般的な聴き方トレーニングではなくて、質問技法とか状況を見極めるリーダーの関与スタイルなんかを組み込むといいかもしれない。ナップスは技術者が中心だろうから、人の管理や部下の成長支援に興味が薄い人が多いかもしれない。そうだとすると『傾聴』『質問』もあまりうまくはないだろう。人は自分の言うことをよく聴いてくれないとモチベーションが下がるし、『Ｙｅｓ／Ｎｏ』を聞くクローズ質問や意見が多いとしゃべりにくくなって気持ちのうえで不完全燃焼を起こす。だから、メンバーの受け入れ態勢を把握するトレーニングをしてみるのは効果的かもしれないよ」

「なるほどね。洋一、何だか『質問』に詳しいみたいね。前からそうだった？」

「いや。伊達涼介くんという同僚の経営コンサルタントが最近コーチングのトレーニングを始めてね。人に説明すると自分の理解が深まるとか言ってやたらに解説してくれるんだ。それは未来・拡大質問だから相手は深く考え始めるよとか、今のはクローズ質問だから話が終わっちゃっただろうとかってね。熱心に勉強してるから少しは協力してあげようと思って説明の実験台になってるうちに、ちょっと耳年増になったんだ」

「コーチングかあ。そういえば最近、名刺に認定コーチと印刷している人が多くなったね。それって何かためになるんだろうか？　もし学習してためになるなら、私も少し学んでみようかな。私にもそのコーチングってできると思う？」

「ためになるかどうか、ぼくにはよくは分からないけど、伊達くんによるとコーチングというのは、相手に対する思いやりを持って話をよく聴き、相手の考えを深める質問をして変化を承認することによって、相手が自分で行動を起こすことを支援する、というサイクルを回すことらしいよ。だから久美は日常的にやってることなんじゃないかな」

「そうなの？　確かに今回のインタビューでも、アンケートシートを見ながらその人の考えや将来像についていろいろ聞いていくと、初めは面倒くさそうにしていたり、否定的なことを言っていた人でも、だんだんと目が輝いてくることがあったよ」

「それそれ。きっとそれだよ、コーチングって。だからネーミングは別にして、『話が完全燃焼するような会話のスタイルに変える』ためには、管理職の人たちの『傾聴力』と『質問力』を上げるような何らかの働きかけをしてみては？ということだよ。それによってメンバーがやる気を高めることができるなら、仕事に対する自分なりの思いも生まれてくるんじゃないかな。いきなり、山口さんが目標としている〈燃える集団〉とまではいかなくともね」

「それがいいね。さっき何気なく『不完全燃焼』って言ったけど、会話のスタイルを変えることが〈燃える集団〉づくりの糸口になりそうな気がしてきたわ。うーん、洋一としゃべってると知らないうちにするべきことの輪郭が見えてくるから不思議よね」

「思いつきだけど、輪郭が出てきたのならよかったね。ところで、ナップスは成果主義の人事制度をずいぶん前から導入していると聞いたけれど、それはうまく運用されているの？」

失敗する成果主義

「それがうまくいってないみたい。目標管理制度さえ機能していないんだから当然よね。目標を最初から低めに設定することが多いらしいから、チャレンジが奨励されていないのだと思う。部下に対する期待を上司が日頃からきちんと伝えることもできてないようだし。評価面談は一応やってはいるらしいけど、自分がつけた評価を部下に納得させることができない上司が多いらしくて、若手社員から評価が納得できないという苦情を聞かされている課長代理や主任にたくさん会ったわ。こんなに頑張ってるのに評価が低いとか、大して仕事をしていない人と同じような評価をされて腹が立つとか。全面的にどっちの味方をするわけにもいかないのでつらいと、間に挟まれた彼らは言ってたわ。『成果主義』って、社内活性化の切り札みたいに言われて鳴り物入りで導入されたのに、どうしてこんなにうまくいかないんだろう」

「なんでだろうね」洋一はビールをひと口飲んで遠くの夜景を眺めている。またゆったりとした時間が流れる。久美子は洋一と共有するこのゆったりした時間の流れが好きだ。人といっしょにいて沈黙を不自然なく共有できるようになれば、それは信頼関係が進んでいる証拠だと聞いたことがある。確かに、気詰まりでない沈黙の共有はとてもリラックスできるものだ。キャリアカウンセラー養成コースのときにも、沈黙の共有は人間関係における重要な要素で「沈黙処理」ができるようになることは、キャリアカウンセラーとして重要な要件のひとつだと先生が話していた。

「そう、『いわゆる成果主義』と言われているものは、仕事の『プロセス』を見ずにその結果である『成果』とお金を直結させてしまっているだろう？　そこに無理があると思う。本来の『成果主義』は、好ましい仕事成果を出すために、人が自分の仕事の意味をよく考え、その仕事が遂行できるように能力開発をし、まわりから知恵を借りながら成果を出し続けるように工夫と努力を続ける、そんな社員と職場風土をつくることが目的だったはずだ。つまり結果指標の制度ではないんだよね。『プロセス』の質を高める施策なしに『成果』だけを評価するようにしてしまったから問題が出ている。『ＭＢＯ（目標による管理＝人の成長を促す）』を『目標管理』と訳して『目標の到達度合を管理する』制度にしてしまった誤りとほとんど同じだよ。アルバイトの単純作業でもない限り、どんな仕事だってそれなりのスキルが必要とされて難しいわけだから、仕事を始めてすぐに『成果』なんて出るわけないんだよね。『仕事の開始』から『成果』の間には必ず何らかの挫折とか工夫とか改良とかの『プロセス』がある。その『プロセス』はその人固有の思いや熱意に支えられてはじめて継続できるんだけど、その思いや熱意をたどっていくと、その人の個人的な興味・関心などの欲求や動機につながっているんだよ」

自然行動と修正行動

「欲求とか動機づけを抜きにして仕事はできないってことね」

「そういうことだよ。ぼくらの行動は、ぼくら自身の興味・関心・欲求・動機なんかがベースになって無意識的にやりたくなる『自然行動』と、上司の指示命令など、組織に所属することによって意識的にやらなければならない『修正行動』とに分類できるけど、この二つのバランスは大切だと思う。どの仕事も複雑化してきているわけだから、仕事をするプロセスにおいて欲求や動機抜きにはモチベーションは続かないし、よい仕事をし続けるエネルギーは湧いてこないと思う。『いわゆる成果主義』では、その『プロセス』をほとんど無視して最後の結果だけでその人の全体を評価して『お金』

という経済価値に換算しようとするわけだ。しかし、そもそもわれわれは、みんな仕事環境や条件が違うよね。営業担当なら、担当者によって扱い商品や担当しているお客様の財布の状況が違うわけだから、工夫しても努力しても売上につながらないこともあれば、さほど苦労しなくてもたまたま相手が商品やサービスを購入してくれて売上が上がることもある。仕事相手の状況に応じて、自分の行動にどんな工夫を付け加えているのかが、次の仕事の土台になっていくのだけれど、『いわゆる成果主義』ではその個人の工夫とか成長の部分にはスポットを当てないわけだよ」

「工夫や改良とかの自分なりの努力の部分が無視や軽視されるということは、自分の『価値』とか『能力』とか『良さ』が認めてもらえないということだし、つまりは成長実感が持てないということにつながるから、やってられなくなるよね」

「そう。工夫や熱意や『何とかしよう』という思いは、自分の根っこにある欲求や動機から出てくる『自然行動』抜きでは語れないのに、『いわゆる成果主義』では『プロセス』の中のそういった『自然行動』は考慮しない。『成果主義』の修正形態としてプロセス評価ということが言われ始めてはいるけれど、『修正行動』のプロセスだけではなくて、動機や欲求に配慮できなければ、個々人は自己防衛として、とりあえず目標を低めに設定したうえで外から見えやすい『修正行動』を強く打ち出して、仕事をしているふりをすることだって考えられるよね。そうなると、仕事の意味性が薄れてモチベーションが上がらないので気持ちが続かない。『成果主義』を導入するのであれば、お金に換算しにくい動機や欲求といった個人の根っこにある部分に評価者がどれだけ関われるかということが、今まで以上に重要な要素になってくると思うよ。気持ちに関わる部分をそれなりに認めてもらえないと、われわれはやる気が湧いてこないからね」

「そうすると、『成果主義』を入れたことによって社内の人間関係がギスギスしはじめたりするというのは、ひょっとすると単に報酬に差がつくことによる人間関係の悪化じゃなくて、私たちの気持ちのベースにある動機とか欲求が無視されているという心の痛みだったり、意識はしないけれど人間性の根っこから湧き出てくる強い違和感とか苛立ちだったりするのかもしれないね」

「そう。だからプロセス評価という場合でも、数値的に評価する前に評価者が人間として部下に愚直に関わって『承認＝アクナレッジメント』することが外せないと思う。もちろんぼくは『成果』自体は評価すべき大事な要素だと思っている。だから、何らかの見える形できっちり評価をして金額換算しなければならないけれど、工夫や改善などの動機や欲求に支えられた『自然行動』を無視したまま、ウマの鼻先のニンジン的に『成果』を出せと迫るやり方は動機づけとは呼びにくいし、個人の成長も期待できないと思う。百歩譲って、もし仮に、それで個人のやる気にドライブがかかるとしても、その場合には山ほどお金を用意しないと難しいよ」

「その話はインタビューでも出ていたわ。年収に差がつくといったって、この程度の差じゃあ、やる気にならないって。同期入社の部長級で年収の差が最大二〇〇万円くらいなんだって」

「そうだろう？　それも理論値だろうから実際にはそれよりも小さいはずだ。もし『成果主義』によって五倍とか一〇倍の年収差がつくのなら、人生計画全体を変更できる可能性も出てくるわけだから、それ自体が『自然行動』に働きかけて『プロセス』を変質させる動機づけになるのかもしれないけれど、そんなことは現実的ではないし経営者にそんなつもりはないよ」

「そうよね。山ほどお金を用意して『成果主義』を導入することなんて意味ないもんね」

「大体、『成果主義』を導入している多くの企業では、表向きは社員のやる気を引き出すためにとか言ってるけど、『自然行動』部分への配慮とセットにした導入事例というのは、ぼくの知る限り日本企業ではまだ聞いたことがない。何らかの形で自然行動につながる『自分らしさ』に焦点を当てないとね。それがないと、社員から総年収管理のための制度導入だと思われても仕方ない」

「仕事で『修正行動』がたくさん要求されるからといって『自分らしさ』は失いたくないもんね。それどころか『自分らしさ』を追求するために仕事をしているといっても言い過ぎではないから、『自然行動』をどれだけたくさん仕事に入れ込めるかが重要だね」

「そういうことだと思う。それがいわゆる『内発的動機』を高めることに通じる。久美は自分で仕事を選んでいるから『自然行動』と『修正行動』のバランスは良いと思うな」

〈プロセス成果主義〉

「私の場合はそうかもしれない。もう両方が区別つかないくらいミックスしちゃってるけど、『成果主義』が導入されることで自分の『自然行動』が無視されて、『自分らしさ』が失われていくと感じるうえに『修正行動』ばかりを求められると、お金の差がつくという問題とは別に、毎日がつらくなるかも」

「そうだね。その人の『自分らしさ』を認めるためには仕事の『プロセス』にも目を向けて、その

『プロセス』の中の工夫や改善なんかの行為を上司が（コーチングでいう）承認（＝賞賛や同意ではなく、行為の変化を認めること）をすることが必要だよ。それと同時に、再現率を高めて技能・スキル化しようとしている行為が、果たして自分の動機や欲求に基づく『自然行動』に近いものかどうかを、自分でも気にしておく必要がある。また、会社側もそれをある程度は把握しておくほうがよい。これはキャリアマネジメントの問題になる」

「私、なんだか『成果主義』という言葉が今まで以上に嫌いになってきちゃった」

「『成果主義』と四文字熟語で言ってしまうと響きがよくないかもしれない。もしそれを口にするのが嫌なら運用として違う言い方をしてみたらどう？　運用上なら違う言葉を使っていても誰も文句は言わないだろう。『成果』という言葉は外せないだろうから使うとして、『プロセス』も大切にしながら、よい『成果』に向かうことで皆の成長を促進するというニュアンスかな」

「そうねえ、『成果』という言葉を使って私がやりたいと思っていることをそのまま表現すると、『成果志向で人の成長を促進し、その成長が組織にさらによい成果をもたらす循環づくり』なんだけど、長すぎるね。大幅に省略して『成果志向の組織づくり』とか、またはプロセスを大切にしながら『成果』を狙うという意味で〈プロセス成果主義〉ってところかな。どう？」

「なるほどね。個人報賞的な色彩の強い『成果主義』に向かって集団が熱くなるなんてことは考えられないけれど、『プロセス』を大切にする施策を入れることができるならば、行為の再現性を高めていくということから『個人の成長』というキーワードは出てくるし、組織で仕事をするわけだから『個と個との関係性』も重要な要素になる。どちらでも良いと思うよ。外せないのは、個人報賞ではなくてチームとかグループとかと関係させながら導入するという発想」

「そうよね。個人を結果だけで評価する『成果主義』ではなくて、仕事の『意味性』、仕事プロセスへの『効力感』、そして仕事遂行に対しての『有能感』という動機づけ要素へも配慮しながら『組織として成果を目指す』という意味なら山口さんの言っている〈燃える集団〉につながってくるわ。運用上の言葉の使い方なら、谷川さんも問題にはしないと思う。プロセスという言葉を入れた〈プロセス成果主義〉をこれから運用上で使ってみようかな。ずいぶんすっきりしてきたわ。洋一、ありがとう！」

「今日はぼくも少ししゃべったような気はするけど、結局は久美が自分でまとめたね」

新宿の高層ビルにはまだ明かりがたくさん灯っていてきれいだ。大気が揺れるせいか、ときたま星が瞬くようにキラキラして見える。川のせせらぎ、木の葉のざわめき、潮騒などと同じく1/fゆらぎというものが都心の夜景にもあるのだろうか。夜景はいつまで見ていても飽きない。

「グレープフルーツサワー、二杯も飲んで少し酔っ払っちゃった」と言いながら、久美子が洋一にもたれながら夜景に見とれていると、「少し寒くなってきた。そろそろ寝ようか」と、洋一がグラスを持って立ち上がった。

第4章　半年間の振り返り

キーパーソン・インタビューから見えてきた問題点

師走に入ると街を歩いていても何となく気ぜわしく感じる。今年も残すところ三週間ばかりとなって、銀座のデパートからはジングルベルの音が聞こえてきている。もっとも、先月末ごろから街路樹にはイルミネーションがとりつけられているから、ずいぶん前からクリスマスの雰囲気が醸し出されてはいるのだが。

いま矢澤久美子が歩いている大手町Sビル前も、もう少し遅い時間になるとまわりに植わっているもみの木のような大型の樹木にかけられたイルミネーションが鮮やかな色で光りだし、さながらデートスポットのような雰囲気に変身する。イルミネーションといっても昔の豆電球をちりばめた弱々しい色ではなく、寒さを透き通すような強く鮮やかな光を放つものが使われているので、思わず見とれてしまうくらい美しい。このあいだ、たまたま通りがかったときに感動したのだ。あれが訴訟問題で話題になった発光ダイオードのＬＥＤイルミネーションなのだろう。

時計の針はすでに夕方の四時半を少し回っている。今日、外出先でミーティングが続いたために昼食をとりそこなっていた矢澤は、このビルにあるピアノバーで軽食をとろうと思いついた。このＳビルには数年前まで大学時代の同級生が勤務していた。その時期にはよく彼女と待ち合わせてピアノバーの昼食バイキングに出かけたものだった。何種類かのケーキと飲みものもバイキング対象に入っているので女性には人気の昼食スポットで、夕方のこの時間には喫茶と軽食ができる。間もなく日が暮れるから、食後にはまたあの大きくて美しいクリスマスツリーのようなイルミネーションを眺めることができるだろう。

今日の外出は、年明けから実施することになった管理職向けの「キャリアマネジメント・ワークショップ」と「マネジメント勉強会」についての外部講師との最終打ち合わせだった。今までやっていなかった施策を人材開発グループとして実施することになるので、今後の全体像を確認する意味でも今までの活動を振り返っておく必要がある。もし抜けているところが見つかれば、今年中に埋めておきたい。自分としてもちょうど入社半年目になるから、活動の振り返りをしておくことは有益だ。そう考えて、矢澤は大手町Ｓビルの地下に入っていった。

夕方の四時半すぎという中途半端な時間だったためか、ピアノバーは空いていた。おかげで四人掛けテーブルをひとり占めしていろんな資料を広げることができた。ベジタブルサンドとダージリンティーを注文して、ここ二カ月の活動を時系列で思い返してみる。

まず、夏ごろから始めた一五〇名ほどのキーパーソンへのインタビューが十月の半ばに終了した。

その人々から聞いてきた話を集約し、いくつかの特徴と問題点と思われるものを抽出したところが出発点だった（図表９）。

インタビューを終了した十月の半ばごろ、洋一とベランダで話をしながら整理したように、管理職のマネジメント（職場管理や人材育成）の問題が根底に横たわっていることは間違いなさそうだ。そのことを踏まえて、その後、二カ月近くをかけて若手社員への能力開発インタビューを実施してきたのだった。夏ごろに作ったラフ案に上司との関係を聞く設問を追加した事前アンケートを作成し、若手社員の自立度合いに加えて管理職のマネジメントスタイルを把握しようとの試みだった。

山口取締役と谷川次長の反応

その間、キーパーソンへのインタビューの集約結果については、①趣旨、②対象者、③期間、④設問項目、⑤各設問に対しての主な意見、⑥人事および人材開発グループへの要望、⑦対処を要する問題点、そして⑧人材開発グループとしての施策（案）をレポートの形にしたうえで、山口と谷川に対して直接、二時間ばかりかけて経過報告をした。

管理職のマネジメントスタイルを変革するプロセスを通して〈燃える集団〉づくりのきっかけが生まれるのではないかという矢澤の仮説に、山口は意を強くした様子だった。以前から管理職の部下対応に問題意識を持っていたので、それがインタビュー結果で裏付けられたわけだ。

一方、谷川次長のほうは、あまりよい顔はしていなかった。諸データの内容については特に反論は

●図表9　ナップスの人材開発面から見た特徴と対処を要する問題点

①若手社員（若手第２期）の退職が目立つ
②若手の自主性、自立（律）性が育っていない（若手第２期に留まり、中堅社員への移行が遅れている）
③ＯＪＴが機能していない
④中堅以上のベテラン社員のお手本度合いが薄い
⑤自分の現在の生きざまに自信がなく、部下を叱れない管理職が多い
⑥年配者（役職定年後など）のモチベーションの維持が難しい

しなかったが、問題点の捉え方が矢澤とは違っていた。つまり、管理職の部下育成や指導の問題というよりも、若手社員の甘さ、自立心のなさが大きな問題ではないかという認識だった。若手社員を大事にするのも結構だが、甘やかしすぎるのは良くない。ある程度、突き放すマネジメントスタイルがあってもよいはずだ。昼食時に、いつも同じ年代の者同士でしか食堂に行かない社員を見ると、三〇歳近くになっても学生気分が抜け切れていないのではないかと思えて苦々しい。また何でもかんでも上司に責任を投げ上げる若手社員を見るにつけ情けなくなるとも語っていた。そういった点については、山口も同じ意見を持っていたし、矢澤も同感の部分が多かった。そこで、若手社員の自立については、キャリアマネジメント・ワークショップに期待しようということでひとまず決着した。

その後、夏ごろに労組幹部がインタビューを受けたいと申し入れてきたことに話が及ぶと、今度は山口よりも谷川のほうが強く反応を示した。

「インタビューの対象者については適当な人物を推薦することができなかったが、労組幹部と話をする機会があったので、そのついでに、あんたが始めるキーパーソン・インタビューの趣旨を話しておいた。見せてもらったインタビューリストに支部執行委員の名前がたくさん入っていたので、事前に中央執行委員長に趣旨を耳打ちしておいてやれば、インタビュー対象の組合員

に対して何らかのアナウンスができるだろうし、そうすると彼らの顔も立つだろうと思ってな」

「どうもありがとうございます。私は職制だけを気にしていて労組にまでは頭が回っていませんでした。確かに中執委員長は、以前に谷川次長との雑談のときに今回のインタビューのことを聞いたとおっしゃってました。谷川次長に耳打ちしていただいたおかげで、労組のほうでも意識して、私がインタビューした方々に対してヒアリングをかけたようでした。その結果、共催で何かできないだろうかという申し入れになったわけです。とても嬉しくてありがたかったです」というやりとりがあった。

この話から、谷川は矢澤の動きを積極的に後押ししてくれたわけではないが、妨害しようとはしていないことがはっきりと確認できたので、矢澤としては嬉しかった。もしも、谷川が最初よい顔をしなかったこの一連のインタビュー活動に対して反感を持っていたとすれば、話の「ついでに」インタビューの趣旨を伝えるなどということはせず、矢澤と労組を揉めさせるような逆の耳打ちを「わざと」していたかもしれない。揉めさせておいてそのあとで仲裁に入れば谷川の存在価値は大きくなるわけだから、そうした動きがあったとしても不思議ではない。事実、執行委員長が矢澤に語っていたように、最初のうち労組の中では、このインタビューは応募者がいなかった早期退職優遇制度の推進手段ではないかという意見が広がっていたようなのだから。

若手技術者へのインタビュー実施

キーパーソン・インタビューを終えたあとで、当初の予定通り、若手社員約一五〇名への自立度合いの把握を目的にした能力開発インタビューを実施した。当初は仕事へのエントリーという若手第一期の完了度合いを確認して、自立前段階の若手第二期への移行具合を把握することが主な目的だったが、管理職のマネジメントがどのようになされているのかという観点からの確認をつけ加えた。

この若手インタビューでは、個別の会話を①社会人としての自覚・積極性、②プロ（になろうとする）意識、③能力開発への意欲・自主性、④会社への客観性・視野の広さ、の四項目に集約し、それぞれについての心証要素をさらに二五の小項目に文章化したうえで、五点満点で心証を点数化した。そして、それを所属や入社年次対比ができるようにグラフ化し、各所属の部門長へのフィードバック材料とした。上司のマネジメントスタイルについては、それぞれの心証要素を確認しながら上司の関わりを聞いてみた。

その結果、上司・先輩からの関わりが薄く、組織へのエントリーや自立に向けた期待を会社の全体像やビジョン、価値規範の観点から語りかけられている若手は数えるほどだった。かなりあっさりとした上下関係というのが共通点で、ビジョンやバリューなどの抽象的メッセージは語られず、具体的な**技術そのものを先輩が教え込むことが教育だと思っている様子**が伺えた。これはナップスに限ったことではなく、技術会社特有のことかもしれない、とインタビューを通して矢澤は感じた。

点数化してみて分かったことだが、全体的に突出していたのは、東京事業所の設計第二グループの若手技術者たちだった。ナップスの中でこのグループは外販部隊と位置づけられている。つまり、他のグループとは違ってこの東京設計第二グループは、親会社や関連企業の顧客が多い内部販売（内販）部隊ではなく、一般企業から仕事をもらってきてそれで売上を立てる外部販売一〇〇％のグループなのだ。仕事面においては厳しい場面が多いに違いないが、その分、若手技術者の自立度合いは高くなる傾向があるようだった。

部門長の巻き込み

キーパーソン・インタビューの集計結果を山口、谷川と共有した翌週、矢澤は山口から「ちょっと相談がある」と声をかけられた。これから人材開発グループが仕掛けようとしている全社の人材育成施策について、各事業所や部門の責任者である部門長に関心を持ってもらい、計画段階からの参画を実現するために、彼らの定期的な会合を設けたいというのだ。山口の考えはおおよそ次のようなものだった。

部門の業績責任は当然部門長にあるわけだから、その業績の源泉となる部下の実力養成も部門長の責任だ。しかし多くの日本企業と同様、ナップスでも部門長は採用の権限を持っていない。部門の依頼に基づいてスカウトしたキャリア採用者は別として、定期採用については本社人事部で採用された人材が調整会議後に配属されてくる。そのため、往々にして職場での要員育成の責任が人事部に押し付けられて曖昧になっている。これは決して他人事ではなく自分も営業統括のときはそうなりがちだったのでよく分かる。

つまり、各部門内では『基本的な育成は人事部がやって、こっちでは仕事内容だけ教えたらいいようにしてくれ』という風潮があるが、人材育成というのはそういうつぎはぎのものではないはずだ。

人材開発グループが新設され、外部からきてくれた矢澤さんが全社横断的にインタビューをしている今のタイミングで、全社の人材育成について部門長の発想を変えておいてもらう必要がある。

そのためには、単発ではなく継続的に会合を持って、**部門の要員育成の最終責任は部門長自身にあり、人事部は部門長の支援責任を持つ**ということを納得してもらい、そのことを通して中間管理職を含めた各部門の個々の管理職に、自分こそが要員育成の日々の責任者なのだと明確に意識してもらうことが大切だ。矢澤さんが提案しているマネジメントスタイルの変革に向けた施策の現場効果を出すためにも、違う切り口からの働きかけが必要だ。

やり方としては、毎月一回開催されている経営戦略会議にあわせて二時間程度の時間を取ってもらうようにすればよい。要員育成は共通の悩みだから、あらかじめ趣旨を納得してもらっておけば文句は出ないと思う。そのミーティングはひとまず自分が主催をするから、矢澤さんは具体的な施策について説明したり意見を聞いたり、進捗を報告したりという役割を担ってもらいたい。このようなことを山口はかなり熱を入れて矢澤に語りかけた。

そういえば、キーパーソン・インタビューのとき、「人事で要員育成のためのキャリアパスとマニュアルをちゃんと作ってくれたら、うちで育成してやるよ」と、ある課長に言われて唖然としたことがあった。山口が挙げてくれたリストにある課長でさえこの程度の意識で部下に対応しているのであれば、要員育成についての責任の所在について、まず部門長の温度差を小さくするところから始めるのは正解だと思われた。自分には思いつかない視点を提示してもらえ、おまけに山口自ら会議を主催してくれるという。こんなありがたい話はないので、矢澤は即座に賛成し自分の役割分担についても了解した。

そのミーティングは〈技術要員育成ミーティング〉と名づけられ、十一月にキックオフの初会合が開かれた。その席で山口が強調したのは次の点だった。

・このミーティングは数字報告主体の会議とは違い、各職場の要員についての施策案を相談させていただく場とし、現場で使える具体的な実施策を議論したい
・部門長の皆さんには、企画段階からの参画をお願いしたい
・会議は形式ばらずに進めるので、現実的な意見や疑問を気軽に出してもらいたい
・人事部としては、技術者を中心とした効果的な要員育成と部門業績の向上に寄与したい

矢澤との会話と同様、役割からではない個人としての思いが伝わる山口の話だった。それに加えて発言通り、経営戦略会議と違ったラフな机配置になっていたし、また矢澤が缶ジュースやペットボトルのお茶を配ってリラックスムードを醸し出したので、「やらせ」対「やらされ」という構図は生まれず、一〇人の部門長はそれなりに忌憚のない意見を言い合って第一回のキックオフミーティングはスムースな滑り出しを見せた。その中で矢澤はキーパーソン・インタビューの集約結果、問題点、対策案、そして若手社員インタビュー計画の趣旨を説明して了承を得ることができた。

そして今月の第二回ミーティングでは、実施した若手インタビューの心証を報告し、年明けから予定している管理職向けの「キャリアマネジメント・ワークショップ」と「マネジメント勉強会」につ

いてのラフ案を提示することになっている。それもあって、今日はその下準備として、二つのワークショップを依頼する外部講師と詳細の打ち合わせを行ってきたのだった。

労組との共催事業（キャリアマネジメント・ワークショップ）

年明けから予定している施策のひとつである「キャリアマネジメント・ワークショップ」は、労組との話し合いの結果、管理職向けとは別に、共催事業としても実施することになったものである。ナップス労組として、組合員一人ひとりの実力を高めて会社側から辞めないでくれと言われる組合員にするには、どんなサービスをすればよいだろうかというのが、中央執行委員長が矢澤に持ちかけてきた相談だった。当初のインタビュー対象予定者に、新たに五人の労組役員を加えたのだが、この労組役員へのインタビューを通して、組合員向けのキャリアマネジメント・ワークショップの案が浮上してきたのだ。

当初、キャリアの問題は別の研修の中に入れ込むか、個別の会話やインタビューのなかにちりばめていけばよいだろうと思っていたのだが、彼らと話をする中で「キャリア」については、単独プログラムを組む必要性を感じるようになってきた。労組としても、ナップスにいては能力が発揮できないといって退職する若手社員、展望が見えないと言って上に責任を投げ上げる中堅社員、短期間に具体的な「成果」を求められて悩んでいる中高年社員に対しては、もちろん彼らを擁護するために会社側に善処を要求しつづけてはいるものの、どうもそれだけでは問題が解決しそうにないという認識をしているのだという。特に昨今は若手や中堅の社員から組合執行部に対して、「組合は毎月数千円の組合費を取って、いったいわれわれに何をしてくれているのか」という批判的な声が多数寄せられていることもあって、何とかそういった声に対しても納得性のある施策で応えたいと模索しているとのことだった。

矢澤はもともと積極的に労組を擁護しようという発想を持ってはいなかったのだが、労組幹部と会話をするうちに、ナップス労組の抱えているこの悩みは、ほとんどそのまま会社の抱える問題点と重なっていることに気がついた。ナップス労組が会社側と敵対的な関係でない以上、人材開発グループとして労組と共催で組合員のキャリアに関わる施策を導入しても問題はなさそうだし、かえってそのほうが社員全般に受け入れられやすくなるかもしれない。そう考えると、キャリアマネジメント・ワークショップという共催事業はとても合理的なことのように思えてくるのだった。

矢澤のこの判断は、相談を持ちかけてきた執行部としてもありがたいことだったので、話はトントン拍子に進んだ。谷川に経過を報告したところ、自分が中央執行委員長に耳打ちしたことが契機になって出てきた話だったからか、矢澤の話を縁なしメガネの中央を押し上げて聞きながら、珍しく笑顔を見せてねぎらいの言葉をかけてくれたのだ。

そんな経緯があったので、矢澤は「キャリア」を専門にしている外部の実務家に相談して何とかこのワークショップを実現したいと考え、ＣＤＡ資格を取得したときのスクーリングのファシリテータであった榊原史郎に連絡をとってみた。

榊原は大学卒業後、外資系の医薬品メーカーで人事を経験したのち、人材ビジネス業界に移って転職や再就職での転機の支援＝ＣＴＣ（キャリア・トランジション・カウンセリング）を長く経験して五年前に独立。現在は「ＳＴキャリア・ラボ研究所」という会社の所長をしている。企業や大学やハローワークなどから依頼を受けて、職業面における転機の支援に特化したコンサルティング業務を行っている。そんな関係でＣＤＡコースのファシリテータを初期から請け負っており、まだ四〇歳代の半ばだがキャリアコンサルティングの実務では知名度もあるようだった。

矢澤が訪問したときに榊原が語った話の要点は、おおよそ次のようなものだった。

・「キャリア」と銘打ったセミナーを人事と労組が共催するという例は以前からたくさんあるが、そのほとんどが『健康』『経済』『生きがい』などをテーマにした退職準備プログラム的なもの、いわゆる「ライフキャリア」に関するセミナーであって、『スキル』『コンピテンシー』『市場価値』『仕事を中心課題にすえた自分なりの生き方』などを正面から取り上げた「ワークキャリア」に関する共催セミナーは知らない。

・企業内で人事や人材開発が単独で主催している「キャリア開発」「キャリアデザイン」といった、「キャリア」という言葉がつく研修は、実は個人の仕事上の特徴を具体的に抽出して仕事現場で使える形に展開できているものはほとんどない。つまり、実務的なものではなく、「研修または「キャリアの勉強」として大雑把な「キャリアの感じ」「キャリア形成の心構え」を伝えるものにとどまっている。

・その理由は簡単で、「キャリア」研修の運営者のほとんどは実務家ではなく研修講師である。したがって、個人の行動を聞き出して職務能力を表すキーワードに翻訳していくキャリアカウンセリングの中核スキルを持っておらず、大雑把で抽象的なキャリアの考え方を研修として伝えることに終始しているし主催者もそれで満足している。

・もし仕事現場で使えるものがあるとすれば、それは大手再就職支援会社の実務能力を持ったコンサルタントが行っているキャリアマネジメント・ワークショップくらいだろう。コンピテンシー制度の企業導入をコンサルティングしている専門コンサルタントも実務能力的にはできる可能性があるが、現状ではそういったコンサルティング会社は「キャリア」についてのワークショップに経営資源を投下していないので、具体的なプログラムは持っていない。

・キャリアマネジメント・ワークショップを役職定年後の職務開発とうまく結びつけられれば、五〇歳代後半の管理職経験者を若手の後援者として位置づけることができ、役職定年後のモラールダウンをある程度は食い止めることができるだろう。また、役職定年に限らず、「上がり」状態になった五〇歳代後半の中高年社員へのモチベーションアップにも寄与できる。

榊原との初回の接触で以上のような情報を得た矢澤は、それを踏まえて若手インタビューの合間をぬって労組幹部と情報共有をしながら、榊原が提案したものを一カ月ほどかけて具体的なプログラムに落とし込んだ。労組との共催といっても、費用について労組が応分の負担をするということであって、「キャリア」や「ワークショップ運営」そのものについて専門知識のない労組幹部がプログラム内容について具体的に提案をすることはなく、ちょっとした違和感や感想を述べるにとどまっていた。

したがって、矢澤が榊原と話し合って決めた事柄について事後に労組と情報共有したというのが実態だったが、中執委員長をはじめ労組幹部には、今までにほとんど例がないという「ワークキャリア」を前面に掲げた共催事業をナップス労組への求心力再生のひとつの目玉にしようという意気込みが感じられた。そこで、矢澤としても労組の出す違和感や感想をできる限り忠実に榊原に伝えて、実際のワークショップ運営に反映できるように努力をしてきたが、今日が榊原との一連の打ち合わせの最終回だった。

共催で行う組合員対象のプログラムは予算の関係で来年度、四月以降の実施となるが、榊原が提案したもう一つのプログラムである管理職対象に人材開発グループが主催するものは今年度中に先行して複数回の実施ができそうだ。「ワークキャリア」自体に焦点を当てたプログラムは他社でもあまり例がないということなので、労組としては管理職対象に実施するもので感触を探っておきたいという思惑があるようだった。

管理職向けのマネジメント勉強会

若手社員の退職やOJTが機能していないという問題から出てきた管理職向けのマネジメント勉強会の運営については、いろいろ運営候補者を挙げて面談してみた結果、洋一の同僚である経営コンサルタント、伊達涼介に依頼することに落ち着いた。伊達は鉄鋼メーカーの出身で素材の営業畑が長くそこで管理職になった後、人事部門の管理職も経験。管理職や営業職の研修、エンジニアリング系子会社の管理職セミナーなどを自分でプログラム段階から企画・立案して運営までをこなしてきたという。コーチングについては、洋一が言っていたように最近学習を始めたばかりらしいが、ソリューションビジネスを推進しなければならないナップス幹部のマネジメントスタイル、それにリーダーシップについての勉強会は安心して任せられそうに思えた。矢澤はこの伊達涼介とも先月数回ミーティングの機会を持ち、今日は最後の詰めをしてきたのだった。

そこまで振り返りをして腕時計を見ると、すでに午後七時半近くになっている。ベジタブルサンドはもうとっくに食べてしまっており、ダージリンティーも二度お代わりをもらったような気がする。入ったときはガラガラだったピアノバーだが、知らないうちにテーブルの七割ほどが埋まっている。広げた資料を眺めてここ二カ月の活動を振り返っているうちに、すでに三時間ばかりの時間が経ってしまったようだ。

特に大きな活動漏れはなさそうなので矢澤はほっと一息ついた。予想外の成果としては、山口が〈技術要員育成ミーティング〉を立ち上げてくれたので現場長との連携が取りやすくなりそうなこと、労組との共催事業が「キャリア」という切り口で具体化してきたことの二つだった。双方とも自分自身の発想からは出てきそうもないものだっただけに嬉しかった。やはり、能動的に何かをすると副産物が生まれやすくなるものだ。

副産物でちょっと得をしたような思いで勘定を済ませ外に出るとすでに夜空が広がっていた。予想通り建物の周りに植えられている大型の樹木はシアン、マゼンタ、イエローの三色のＬＥＤイルミネーションに飾られている。空気が澄んでいるからなのだろう、透き通るような冷たくてきれいな光を放っている。それがコートの衿をたてて歩くビジネスマンにとてもよく調和していた。

第5章 〈プロセス成果主義〉へのキックオフ——二つのワークショップ

新年がスタートしてしばらくたった。労組と共催で四月以降に行う組合員向けのキャリアマネジメント・ワークショップは、大きく二グループに分けることで話し合いがついていた。ひとつは四五—五五歳が対象の中高年・ベテラン向け、もうひとつは二八—三五歳を対象とした若手・中堅向けである。これらはともに希望者を募集して実施するのだが、人材開発グループが主催して三月までに複数回実施しようとしているものは、四五歳以上の管理職全員が対象になっている。管理職にはまず自分自身のキャリアについて考える機会を持つことで「キャリア」発想を養ってもらう。そしてそれを踏まえながら、その後、部下育成における自身のマネジメントスタイルの再考を促すというストーリーになっていた。このことは、部門長が集まる〈技術要員育成ミーティング〉の場で、「その他事項」として議論をしたうえで了承されていた。

管理職向けキャリアマネジメント・ワークショップ

その日、谷川周作は少し早めに自宅を出て、第一回キャリアマネジメント・ワークショップが行われる平河町のホテルに向かった。金曜の朝から始まって土曜の夕方に終了する一泊二日でのワークショップだという。人事を長くやってきたから自分のキャリアについては常々考えているつもりだ。だから本当は今さらキャリア管理のワークショップなど出たくもないのだが、管理職は全員参加ということになってしまったので仕方がない。それなら早めに終わらせておこうと思い、第一回に手を挙げたというのが本音である。もしこの忙しい時期に、事前準備と称して分厚いキャリア理論の本を読んでこいなどと言われたら、矢澤久美子に文句を言ってやろうと思っていたが、そういうこともなく、直近の一週間を取り上げて、使った時間ごとに分類してくれという課題があっただけだ。社会人になってからは毎日、日記をつけているからそのようなことは自分にとっては造作もない。しかし、いくら管理職とはいえ土曜日を一日つぶされるというのはあまり嬉しいものではない。いったい、二日間もかけて何をさせられるものやら。

会場に着くと、顔なじみの設計部や資材購買部などの部長や次長たち四―五人がすでに来て立ち話をしていた。それを見て谷川は、今日は部長・次長職のコースだと聞いていたことを改めて思い出した。部長・次長職と課長職の二コースに分かれていると矢澤が言っていた。

「おはようございます」と谷川が挨拶をすると、ゴルフ談義をしていた連中がそれぞれ挨拶を返してきたが、そのなかのひとりが「谷川さん、今日はわれわれにいったい何をやらせるつもりなのですか？」と聞いてきた。

「いや、それが実は私も聞いてなくて。今日は私も参加者ですからね」谷川が応えると、相手は納得したように相づちを打ってゴルフの話題に戻っていった。

ワークショップの開始時間が近づくにつれて、五人×四グループで配置されていた二〇の座席が徐々に埋まってくる。矢澤はＢＧＭを鳴らしたり、参加者と会話をしたり、プロジェクターの調整をしたりと動き回っている。今日は榊原講師のアシスタントとして入るようだ。谷川は矢澤の紹介で榊原とは一度会社で会っていた。

①開講スピーチ

開始時間になって山口が入ってきた。取締役人事部長による開講スピーチである。

「皆さん、おはようございます。お忙しい中、キャリアマネジメント・ワークショップにご参加いただきありがとうございます。一泊二日のワークショップの開講に先立ちまして、私からひと言ご挨拶を申し上げます。

二一世紀に入ってすでに数年がたちましたが、バブル崩壊後の九〇年代以上の早さで、日本社会は政治も含めて大きく転換してきました。この変化は、ビジネス環境はもとより、個人生活にもネットをはじめとした多くの異質性をもたらし、その結果がビジネス社会に『新たなものへの挑戦』を要求するという循環を生んでいることはよくご承知のところでしょう。これは、われわれが飯の種にしているエンジニアリングビジネスにおいてもしかりで、われわれの掛け声は『ソリューションビジネス』であっても、顧客から見れば単なる定型サービスの提供にすぎなくなってしまっているものがあるかもしれないのです。

このような環境変化の荒波のなかでわれわれは、この四月から次期三カ年計画『ナップス・ソリューションX』をスタートさせます。その詳細内容につきましては、皆さんすでにご承知のことでありますので割愛させていただきますが、これを達成するにはわれわれのビジョンである『技術を通した人と組織の共生社会の実現』を常に日常業務と照らし合わせながら、しかも個々人が『新たなものに挑戦』し続けることが必要になります。

そのためには、部長、次長という組織の要に位置する皆さんが、部下たちに対して今までにはない『新たなもの』に挑戦している姿を自ら見せていくという意味でのリーダーシップが必要になってきています。これは何も皆さんだけの問題ではなく、まさに私自身の課題でもあるわけです。昨年の春に人事部長の委嘱を受けましたが、それ以後、皆さんもご存じのように人材開発グループを新設して皆さんの職場にもインタビューにお伺いした矢澤さんに人材開発グループ長として外部から来ていただき、谷川さんとタイアップして今までになかった活動をしてもらっています。それと連動させるために去年の秋からは、人材育成に特化した部門長ミーティングも定期的に始めました。このミーティングは型通りの会議にならないようにいくつかの工夫をこらしてオフサイトミーティング形式（図表20参照→二六五ページ）で運営しています。これらは、どうすれば活力ある組織、目標に向かって〈燃える集団〉をつくれるだろうかという、私の『新たな挑戦』のひとつでもあるわけです。

私は私なりに皆さんの部下の心に火をつける活動を続けていきますが、そのときに大切になるのが組織の要に位置する皆さんの日々の行動です。若手、中堅、ベテランは、それぞれのバックグラウンドを持って皆さんの日々の行動を見つめています。部下というのは見ていないようで実は上司のことをとてもよく見ています。聞いていないようで上司の言葉のニュアンスをとても敏感に感じ取っています。上から部下を覗き込んでもすりガラスのように曇っていてよく見えませんが、**下から上司を見上げると丸見え**なのです。皆さんの『生きざま』が部下の心に、チームの活動に、組織の業績に大きな影響を与えるのです。これはご自身を部下の立場において考えるとよく分かることだと思います。部門長を通してフィードバックさせていただいた矢澤さんのインタビュー結果にも、そのことは端的に表れていました。自分の思いを語れない上司、部下を本気で叱れない上司、部下に対する期待を語れない上司の像が浮かび上がってきています。

部下が見ている皆さんの『**生きざま**』**とは、皆さん自身の仕事の仕方**なのです。仕事の仕方は個人としての本気度合い、自分としての思いが具体化したものです。そして、その根っこにはわれわれ個人が『仕事を中心課題として毎日をいかに本気で生きているのか』というキャリアの問題が横たわっているのです。キャリアということについては、残念ながらナップスでは今まで面と向かって扱ってはきませんでした。当社に限らず、日本では長い間、どこかの組織に所属すれば自分のキャリアを自分で考えなくてもよい時代が幸か不幸か続きました。しかし、二〇世紀末のバブル崩壊以降、それでは済まなくなってきたのです。自分のキャリアには自分でも関わる必要が出てきています。どこまで実感しているかは別にして、このことは若手社員には合言葉のような響きを持つようにさえなっています。それが上司のキャリア観と大きくずれていると若手の退職をも促進しかねません。**『キャリアを考えること』は年代を問わず重要な意味を持っているのです。**

春以降は、組合員に対して人材開発グループと労組が共催して、キャリアを考えるワークショップを開くことが決まりました。皆さんにはその前にご自身のキャリア観について再確認していただき、それをご自身の仕事成果、そして部下・後継者育成に役立てていただきたいと思い、お忙しい時期とは思いましたが、労組との共催事業が始まる前のこのタイミングに、第一回のキャリアマネジメント・ワークショップを開催した次第です。

今回のワークショップでは自己のキャリアの棚卸を行ってビジネス上の強みをはっきりさせたうえで、『ナップス・ソリューションX』の達成のどの部分でどのような価値提供をしていくのかを具体的に計画していただく内容になっています。そして、ワークショップ後においては、具体化して提出していただく『価値提供プラン』に沿って、部下を巻き込みながら、また部門の壁を越えて連携をとりながら業務遂行をお願いすることになります。その過程で必須の要素である管理職としてのマネジメントスタイルの変換については、別途、勉強会を用意いたします。先ほど申しましたように、部門長も別の角度から巻き込み作戦を展開中です。支援ツールや環境は整いつつあります。必要なのは皆さん方ご自身の日々の仕事スタイルの更なるバージョンアップです。

その意味で、ワークショップは一泊二日で終了しますが、この目的はワークショップの終了時点から始まるとお考えください。皆さんの価値提供をスタートさせる『きっかけのプログラム』にすぎないのです。改めてご自身のキャリアを棚卸する作業を通して、自己革新と職場革新を期待しています。『新たなものへの挑戦』なしには、自分にとっても、部下にとっても、チームにとっても、部門にとっても明るい未来は見えてきません。つまり、われわれの組織ビジョンのひとつである『技術を通した人と組織の共生社会の実現』は『新たなものへの挑戦』によってしか出てこないのです。その根っこがわれわれ自身のキャリアであることは間違いありません。
ぜひ、皆さん自身にとって有意義な二日間を過ごされて、その成果を活力ある職場づくりに生かしてくださるようお願いをして、開講にあたっての私のご挨拶とさせていただきます」

長い演説だなあと思いながらも、谷川は山口の話についつい引き込まれてしまっていた。山口は原稿なしで参加者に語りかけていたのだ。今までも研修の開講スピーチを人事部長に依頼することは多かったが、こんなに自分の思いを熱く語った人は記憶にない。大概は原稿を片手に説明調でしゃべるのだ。ひどい人にいたっては、谷川が書いた原稿をそのまま読んだ人もいた。その結果として冒頭から参加者のモチベーションは上がりにくくなる。もっとも参加者も大人なので、露骨にそういう素振りを見せることは少ないのだが、事務局として様子を見ているとモチベーションの上がり下がりくらいは判別できるものだ。今日、谷川は後ろのグループにいるので全体の様子が見えやすい。参与資格者が多い今日の会合だが、型通りの大人のお愛想という感じではなく、多かれ少なかれ山口の話に聞き入っているように見えた。

「いったい今日は何をさせるつもりやら」と斜に構えながら来たのに、いきなり話に聞き入ってしまった自分が少しおかしくて谷川はひとり苦笑いをした。

個人としての自分の分析

②「趣味」と「娯楽」の違い

山口の話が終わってワークショップが始まった。榊原史郎の自己紹介と「なぜ今キャリアなのか」の話に一時間くらいを要した。社会の変化が、産業や企業の変化を通して個人に影響しているのが、新聞でよく目にするようなキーワードを使って示され、今回のテーマであるセルフ・キャリアマネジメント（キャリアの自己管理）の実践の必要性が説明されていった。榊原の話からは、所与の条件になったものはもう仕方がない、それを受け入れたうえでいかに自分らしいチャンスに転換していけるかが、われわれにとって重要だし得ではないか、という榊原自身の基本スタンスがにじみ出ていた。研修一般にありがちな説得調のトーンがないところが谷川には新鮮だった。もしなるほどと思える部分があれば、その部分だけ榊原の話に乗ってもよいかもしれないと感じさせる話し方だった。

その後、場は「個人作業→グループシェア（分かち合い）」を繰り返すワークショップへと移った。自己分析を「個人としての自分」と「職業人としての自分」に分けて行うのだが（図表10）、まず「個人としての自分」の中の趣味と特技の整理が始まった。趣味を書き出していったい何になるのかと思

●図表10 キャリアマネジメント・ワークショップの概念

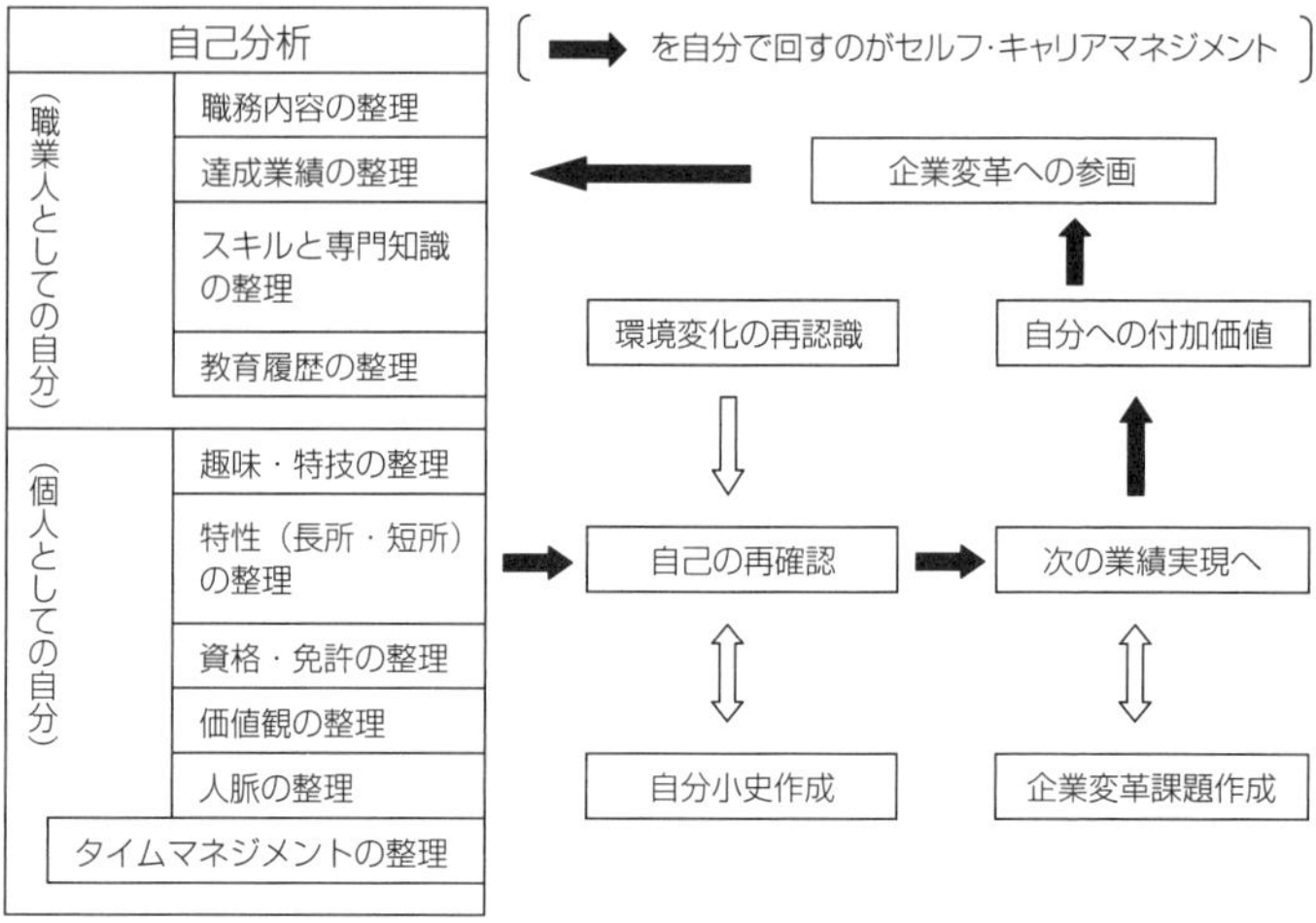

いながら谷川がいくつか書いていると、参加者のシートを見て回っていた榊原が谷川の書いている「プロ野球観戦」という項目を指して、「これは本当に趣味ですか？」と問いかけてきた。「プロ野球観戦を書いてはいかんのですか？」と谷川がムッとして聞き返すと、「いや、そういう意味ではないのですが」と言いながら、榊原が全体に対して解説を始めた。

「『趣味』というのは、自分の時間を使って能動的・積極的に働きかけるもののことを言います。それが高じると人に負けない『特技』に近づくものだと考えてください。したがって、普通『プロ野球観戦』は『趣味』ではなくて『娯楽』と言ったほうがよいと思われます。なぜなら、普通に『プロ野球観戦』を一〇年続けても、それは『特技』と言える場合は少ないでしょうから。もしも谷川さんが『プロ野球観戦』をしているときに、投手の球筋の解説ができたり、その場その場の野手の動きや監督の胸のうちをテレビ解説者のように説明したり語って聞かせることができるようになろうと情報を集め、データ化して自己成長を図っているのなら、それは立派な『趣味』ということになります。自分のキャリアを考えるときは『娯楽』『趣味』『特技』は分けて考えるのがよいと思います。『娯楽』は必要ではあるにしろ発展性のないその場の息抜きですが、『趣味』は『特技』に変化していく可能性があり、『特技』は『仕事』に進化・発展することが多いものです。そんなふうに考えた場合、谷川さんの『プロ野球観戦』はどこに分類するのが妥当でしょうか？　さきほどは、そういう意味でお聞きしたのです」

その説明を聞いている他の参加者からも「なるほどなー」という呟《つぶや》きが聞こえる。書いたシートを消し始める者もいる。今まで趣味をそのように分析的に考えたことがなかったことに谷川は気がついた。最初の作業であったが、趣味ひとつでも案外奥が深いようだ。

③人脈を考える

その後、特性の整理をし、免許・資格の整理を終わり、昼食をとってからプログラムは人脈の整理に移った。シートに自分を囲んで八つの箱があり、次のような名称が書いてある（図表11）。①社内（職制上）、②社内（職制外）、③社外・勉強会（仕事関係）、④趣味、⑤学生時代、⑥地域、⑦親戚、⑧その他（飲み友達、元同僚など）。そのシートを配り終えると榊原が説明をはじめた。

「これから、皆さんの社内・外の人脈といえる人を分類しながらその八つの箱に書き出してください。フルネームでなくても、特定できる呼び名やあだ名があればＯＫです。『人脈』とは業務上・外を問

●図表11　あなたの人脈マップ

・あなたの社内・外の人脈といえる人を分類しながら書き出して下さい（名前やあだ名など）。
・「人脈」とは業務上・外を問わずあなたに良い影響を与えてくれる友人・知人（接触頻度の多寡は問題ではない）のことで、次のような点を目安に書き出して下さい。
　a．業務上の問題解決で知恵を貸してくれる「知恵袋的な人」
　b．個人的な相談事にいつでも乗ってくれる「精神的拠り所的な人」
　c．その人と話していると自分の考えが整理されてくる「カウンセラー的な人」
　d．一緒に飲食などをして、楽しく発散できる「愉快な一杯飲み仲間的な人」
　e．趣味や楽しみが一致して、仕事外での張りを持たせてくれる「元気の素的な人」
　f．その他、交流することによって何か良い影響を受ける「付加価値を感じる人」
・複数の項目に当てはまる人物の場合（たとえば、学生時代からの友人だが職制上のつきあいもある etc.）、その人をどこに分類すると自分として「しっくりとくるか」で判断して下さい。
・人を特定してから人数を書くことが大切です。人数だけ記入しても意味は見出せません。

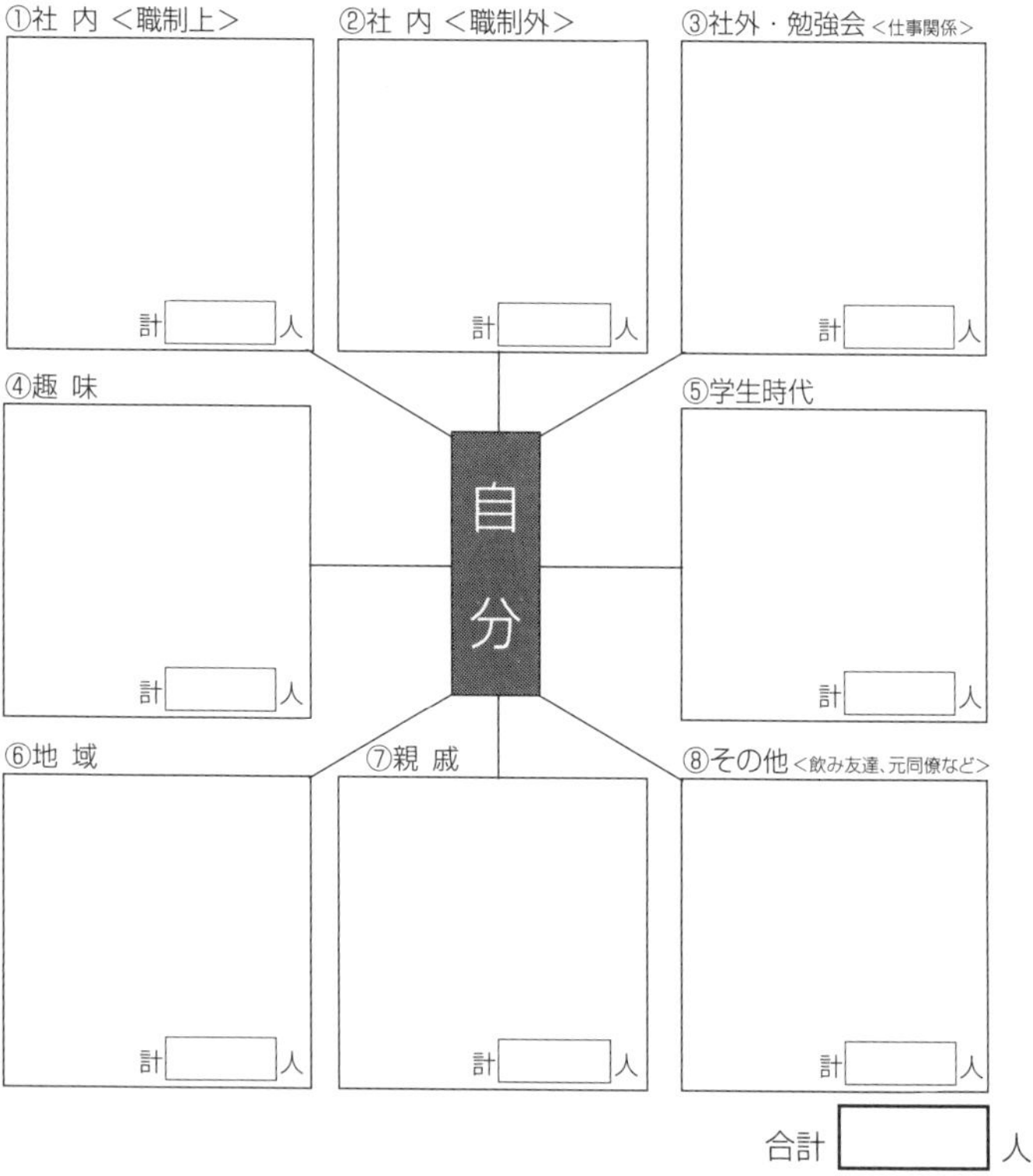

わず皆さんに良い影響を与えてくれる友人・知人のことで、接触頻度の多寡は問題ではありません。シートにあるa～fを目安に書き出してみてください。もし複数の項目に当てはまる人物がいる場合は、『しっくり度合い』で判断してください。箱ごとに小計を記入していただきますが、人物を特定してから人数を書いてくださいね。人数だけを記入しても意味はありません。人を特定することが重要なのです。では一五分程度でお願いします」

参加者は手帳を取り出したり、腕組みをして天井を眺めたりしながら思い出そうとして、ぶつぶついろんなことを好き勝手につぶやいている。またそれに反応している人もいる。ナップスで通常やってきた講義形式の研修と違って、今日は個人作業とグループシェアの繰り返しで昼過ぎまで経過したので、参加者の発言の自由度が高くなっているようだ。榊原も指名して答えさせることはせず、個人の発言に任せている。ワークショップ（作業場）形式というのは、こういうのを指すのかと、谷川はようやく言葉の意味を理解した。

「うーん、顔は思い出すんだけど、名前が思い出せない」

「ほんとだ。あいつの名前は何だっけなー」

「②の『社内〈職制外〉』の箱にしか書ける人がいないよ、情けないなあ」とつぶやく人に対して、「えっ? するとおれはお前の人脈じゃなかったのか?」などと、まぜっかえす人もいる。

「オレは③『社外・勉強会』に書ける人がいない、おかしいなあ、いると思っていたのに」

「オレも⑥の『地域』には人脈がひとりもいない。自治会は女房任せだし、これは定年後つらいかもしれんなあ」

そんな声を聞きながら、谷川自身もハタと思案に暮れてしまった。人事部というのは少人数でやっている。①社内（職制上）といってもここ長い間、自分の上には人事部長しかおらず、彼らは横滑りで何人も代わっている。自分が少しでも頼りにしているという意味では、今は職制上ではないが親会社に入社した新人時代の指導員の宮本さんとグループ会社にいる先輩の松田さん、そして現在の上司である山口さん。宮本さんは来年には親会社を定年になるから、その後は⑧その他に入ることになる。いまはひとまず三人だ。

②社内（職制外）はどうか。ここは何人かいるかもしれない。労組の前委員長とはいまでもよく話をするし、向こうからも個人的な相談を持ちかけてくるからここに入るだろう。それに東京の設計第二グループの次長ともつきあいが深い。彼は外販グループを引っ張っているだけに、マーケット情報に詳しく、その分こちらに対しては辛口の発言が多いが、会話をしていると確かに勉強になることが多いので自分としては頼りにしている人物だ。

他には同期入社組で今でもときどき囲碁を打つ仲間が三人ばかりいる。皆、グループ会社へ出向後、転籍をしているので自分と同じ境遇で話が合う。ここは五人。しかし、同期の囲碁仲間は④趣味に分類したほうがしっくりくる。そうなるとここは二人だ。

選定基準を厳しくしすぎているのかもしれないが、それにしても三〇年ほど会社勤めをしてきて、社内人脈を合計五人しか書けないとは、これはいったいどうしたことか。他の人はどうなのだろう、と谷川が考え始めたちょうどそのとき、榊原が思い出したように全体に向かって補足説明をし始めた。

「人脈の自己評価の基準は人数ではありません。人脈は自分にとっての『質』が大切です。人数に惑わされないようにしてください。年賀状なども人脈を計るバロメータにはなりますが、数にこだわっていると大変つらくなる場合があります。これはある方のご家族から聞いた話ですが、さる上場会社の部長さん（これがある方です）が定年になりました。在職中には一〇〇〇枚くらいの年賀状が毎年来ていたのですが、定年になった途端五枚になったそうです。その方はお正月のあいだ毎日外に出て、郵便配達の方が来るのを寂しそうに待っていらっしゃったそうです」

場内がシーンとなった。人数を多めに書いている人、少なくしか書けない人にかかわらず、「自分と人とのつながり」について参加者がそれぞれ思いを馳せているようだった。

その後、グループシェアをしたのだが、シェアの仕方についての榊原の説明に、また考えさせられる内容が含まれていた。それは「皆さんが記載された人物が、これと同じ人脈マップを作成したとすると、あなたの名前を書いてくれる人は、何割いると思いますか？」という問いかけだった。そのように問いかけてから、榊原はさらに続けた。

「人脈を作るには、受身ではなく自分からの働きかけが大切です。そして、一旦できた人脈を長続きさせるには、自分自身のブラッシュアップが必要不可欠です。なぜなら、情報・知識・安心感など、どれをとっても相手から『テイク（受領）』するだけでは次第に相手から疎んじられます。相手から頼られたときに、常に『ギブ（提供）』できる状態を保つ必要があるわけで、そのためにわれわれは自分自身のレベルアップが必要なのです。皆さんすでにご承知のように、豊かなビジネス生活や個人生活を送るには、人数もさることながら、様々なジャンルや分野に質の高い人脈を持っていることが大切です。さまざまなジャンルや分野に幅広く人脈を持つためには、社外での異業種交流が重要な役割を果たします。皆さんの場合は、ご自身の人脈はもちろんですが、部下の持つ人脈からの情報も重要な意思決定の要素になることがあるでしょう。皆さんは部下の社外人脈をどの程度ご存じでしょうか？」

しばらく場内はシーンとしていたが、やがてあちこちから、

「うーん、そこまでは知らんよなあ」

「自分の人脈を考えたのも初めてだったしなあ」

「確かに、ソリューションビジネスには、幅広い外部・異業種の人脈とのつながりが必要だわな」とザワザワと話し声がしはじめ、ワークショップはそのまま人脈のグループシェアへと移行していった。

「人脈は数じゃない」との話を聞いて、社内人脈を五人しか書けなかった谷川は少しほっとするところがあったものの、感想を話している他の参加者と同様、先ほどの趣味と娯楽の違いといい、相手から自分が有用な人物だと感じられているのだろうかということといい、キャリアについてもう少し自分の問題として考え直してみる必要があるかもしれないと思いはじめていた。

④時間管理のスタイル

人脈のグループシェアのあと、事前準備に基づいた時間管理スタイルの検討が始まったが、榊原の最初の話に、またも会場がシーンとなって、谷川自身もドキッとしてしまった。

「人生八〇年とすると、日数で二万九二〇〇日、時間に直すと七〇万八〇〇〇時間です。年間休日を一

●図表12　キャリア25年、30年、35年の使用労働日数（時間）と残数

	使用労働日数（時間）	残数
キャリア25年	6,125日（49,000時間）	3,675日（29,400時間）
キャリア30年	7,350日（58,800時間）	2,450日（19,600時間）
キャリア35年	8,575日（68,600時間）	1,225日（9,800H）

二〇日、毎日八時間ずつ四〇年間働くとすると、生涯の労働日数は九八〇〇日、時間でいうと七万八四〇〇時間ということになります。ところで、皆さんはキャリア何年でしょうか？」

榊原はここで話を止めて、プロジェクターで一枚の資料を映し出して見せた（図表12）。既に使った労働日数（時間）とその時点で残されている労働残日数（時間）が色を変えて一本の横棒グラフの中に配分されており、その棒グラフがキャリア五年ごとに積まれているので、使った日数が階段状に増え、残日数が階段状に減っていく様子が見えるようになっている。

「ご覧になってお分かりのように、キャリア二〇年の方でちょうど半分の四九〇〇日（三万九二〇〇時間）がまだ残っているわけですが、私などはキャリア二五年弱になりますから、あと三六七五日（二万九四〇〇時間）しか残されていないわけです。つまり、使ってしまったほうが多いわけで、こんなふうに皆さんの前でお話をしていますが、キャリアについては他人事ではないわけです。キャリアは有限なのです。この図を見るたびに、残された時間で何をするべきかと、自分のすべきことにアンテナが上がります。

中高年・ベテラン社員のキャリア問題での重要課題として、『中堅、

若手社員の後援者としての役割を認識する』ということがありますが、それに加えて今日的課題として『職場風土改革のキーパーソンであることを自覚する』ということも重要です（図表8参照→一一六ページ）。管理職としてのマネジメントスタイルについては、さきほど山口取締役が開講スピーチでおっしゃっていたように、後日、別の勉強会が開かれるようですから、詳しくはそちらにゆだねることになりますが、マネジメントの重要な要素のひとつは、管理職の方ご自身が**どのように時間を感じ、使っているのかという個人のキャリアの問題**でもあるのです。ここでは時間管理のスタイルという切り口からキャリアにおける有限の時間について共有させていただきます。谷川さんはこの図でいうと、どのあたりですか？」

歩き回りながら説明をするクセのある榊原が、谷川の近くを通りながら尋ねてきた。

「ほぼ三〇年だから下から二つ目です。残っている時間がずいぶん少なくなっているやつですな」

「なるほど。七三五〇日（五万八八〇〇時間）を既に使っていて、残りが二四五〇日（一万九六〇〇時間）ということになりますか」

「堀さんはいかがですか？」谷川の隣の島にいた法務部長に榊原が訊いた。

「私の場合は、もう三五年を過ぎとるから一番下のバーだな」

「そうですか。それなら、なおさら残された九八〇〇時間を使って、『堀さんらしい』仕事をいくつかやりたいですよね」バーを見て少し暗くなりかけていた堀だったが、追いつめるふうでもなく、にこにこしながら榊原にそう言われて、堀は「確かに、そうですな」と頷いている。

こんなことは、計算すれば当たり前のことなのだが、改めてビジュアル化して見せられると考えて

B表

分類の大枠	記入例	/　(月)	/　(火)	/　(水)	/　(木)	/　(金)	/　(土)	/　(日)	/　～　/
①仕事	9.0								H
②勉強·研究	2.0								H
③趣味·教養	1.0								H
④交際	3.0								H
⑤家族·地域	1.0								H
⑥娯楽	0.0								H
⑦運動	0.5								H
⑧通勤	2.0								H
⑨生活	4.0								H
⑩睡眠	6.0								H
⑪その他	0.0								H
合　計	28.5H	H	H	H	H	H	H	H	／168H

しまう。谷川は榊原と堀のやりとりを聞きながら、自分は残された一万九六〇〇時間を使ってどんな『自分らしい』仕事ができるのだろうか、と考えている自分に気がついた。

「今の話は時間管理のスタイルについての前座です」と榊原が説明を続けた。「事前課題としてお願いしていた一週間の行動記録（図表13）を次の要領で集計したあとで、『重要度』と『急ぎ度』の二軸で区切られる四象限との関係を考えてみましょう」

榊原が提示したのは、記入してきた行為を一一項目に分類していくことだった。それは、①仕事の時間、②仕事関係の勉強・研究の時間、③趣味・教養の時間、④交際の時間、⑤家族・地域での時間、⑥娯楽の時間、⑦運動の時間、⑧通勤の時間、⑨生活の時間、⑩睡眠の時間、⑪その他、の一一項目だった。時間を分類して積算をしてみると、重複時間についての特徴とともに、その人ごとの時間の使い方が浮き彫りになる。

つまり、一週間は一六八時間なのだが、通勤時間に研究

●図表13　1週間の行動記録

・任意の１週間の行動を、睡眠も含めて毎日A表に記録したあと、B表で項目に従って分類し、単純加算して１日の投下時間を積算して下さい（記入例の数字は対応関係を示します）。
・単純加算しますので、積算後の１日の時間合計は24時間以上となります。

A表

	🕘	記入例	/ (月)	/ (火)	/ (水)	/ (木)	/ (金)	/ (土)	/ (日)	🕘	
昼	5	↓								5	昼
	6	起床&朝食⑨								6	
	7	新聞精読②								7	
	8	通勤⑧・専門書②								8	
	9	会社(仕事)①								9	
	10	↓								10	
	11	↓								11	
間	12	昼食⑨・テニス⑦								12	間
	13	会社(仕事)①								13	
	14	↓								14	
	15	↓								15	
	16	↓								16	
	17	↓								17	
	18	↓								18	
夜	19	異業種交流会④								19	夜
	20	&夕食会⑨								20	
	21	通勤⑧・英語③								21	
	22	子供風呂・団らん⑤								22	
	23	Eメールチェック ④								23	
	24	睡　眠⑩								24	
間	1	↓								1	間
	2	↓								2	
	3	↓								3	
	4	↓								4	
	5	↓								5	

書を読むとか、生活時間のなかに家族との時間を入れ込むなど、重複時間の活用によって一六八時間の一週間を二〇〇時間近くにまで増やして使える可能性が見えてくる。実際、そのような人がいたのだが、谷川自身は一八〇時間程度にとどまっていることも分かった。もちろん、これは特定の一週間の行動なので、もっと有効に使っている日があるとも思うのだが、グループシェアをしてみると時間の使い方が人によって違い、それにはパターンがありそうに思われた。意識していないときっと一つのパターンで過ごしてしまうのだろう。

その後、自分が記録してきた一週間の行動を「重要度」「急ぎ度」のタテ・ヨコ軸で区分けした四象限に当てはめて考えてみる作業に移った。重要なことは次の二つを意識することだと榊原が説明していた。つまり、

① 「重要だ」が「急がない」領域に位置する行為をどれくらいやっているのか
② 「重要ではない」が「急ぐ」領域に位置する行為をどれくらい削っているのか

「①に該当するものとしては、自己啓発、研究・情報収集、体力づくり、健康維持、人脈や人間関係づくり、自己の棚卸、能動的な心身のリフレッシュ、キャリア管理、企業風土や組織ビジョン、バリューについての意見交換、危機管理体制の構築、定期的な顧客訪問などが入ります。こういった行為を積み重ねて時を過ごしているのか、そうでないのかによって、個人でも組織でもその腰の強さ、懐の深さが違ってくるのです。緊急事態が発生したときにパニックになりにくい個人や、ビジョンを見

失わずに早く的確な対処ができる組織に成長するかどうかの境目は、この時間投資の仕方、つまり時間の使い方によると思われます。

②の典型は保険仕事と言われるようなことで、さほど重要ではないがやっておいたほうが無難だと思われることです。つきあい残業や不要な接待、議論をしない形式的な会議、それに丁寧すぎる報告書や過剰な会議資料づくりなどがこれに当たると思われます。

日頃からこの②を極力削って①の時間を生み出すように心掛けることが大切です。個人や組織の土台となる重要度の高い部分に時間を投資するように意識して行動することですね。これによって、すぐに対処を要する『重要度』『急ぎ度』がともに高い領域での問題を増やさずに済みますし、問題が出ても影響を最小限に食い止めることができます。この領域には、顧客クレーム、リストラクチャリング、訴訟、病気や事故、喧嘩《けんか》などが入りますが、たとえば、①の定期的な顧客訪問を続けていれば、顧客クレームが起こったときにそれを最小限に食い止めることができます。また個人のキャリアについて折に触れて考え棚卸を継続的にやっていれば、企業リストラクチャリングが起こったとしてもあたふたせずに済むわけです。

私が経営再建メンバーをしていた会社では、間違いなく『重要度』と『急ぎ度』がともに高い領域の仕事が多くなり、それに引きずられて会議が増え、①に時間投資をする余裕などまるでなくなっていました。この悪循環を断ち切らない限り、企業の再生はありえないことを実感したものです。『会議が増えると会社はあぶない』というのをお聞きになったことはないでしょうか？　それはこのことを言っているのです。

このように申し上げると、もうお分かりでしょう。先ほど話に出ていた『娯楽』は、『重要度』『急ぎ度』ともに低い領域に入るわけです。そして、趣味や特技、そして人脈づくりは①に属するものなのです。キャリアを考えるときに時間軸を外しては考えられませんし、仕事をするときもそうです。部・次長職である皆さんは、職場の時間管理について大きな影響力をお持ちのはずです。今やっている仕事や行為はどの領域に属することなのか。これは職場のマネジメントにも密接に関係してくることですが、それを自然な行動にするために、まず、ものの順番として個人の時間管理スタイルを確認しておくことが大切です。おそらくマネジメント勉強会でも時間管理の概念は話題になるでしょう。

なお、仕事に関連する種々の行為をこのように分類しようとすると、何が重要なのかということが問題になります。そのときに立ち返るべきものが組織ビジョンや行動に関わる価値規範なのですが、それについては今日のテーマから外れますのでここでは触れないことにします。何かご質問は？」

「うーん……」とうなっている人、「なるほどなあ……」と腕組みをしてつぶやいている人、何も言わないが深く頷《うなず》いている人、またそんなことは十分に意識してやっているとばかり、榊原ににこにこと笑いかけている人など、さまざまな反応を確認してから榊原は休憩を告げた。

「時間管理か……」谷川は大きく伸びをしながらつぶやいた。自分は時間管理については相当な自信を持ってやってきた。確かに効率的に時間を使うという意味では、自分の時間管理スタイルに問題はない。しかし、果たして本当に重要度の高いことに時間投資をしてきたかと問われると、そうでない部分があるかもしれないという気もしてくる。何か自分を否定されたようで嫌な感じだ。今日、榊原から聞いたいくつかの話は重要なことだと思える半面、このワークショップに来なきゃよかったという気がしないでもない。

今まで、いろいろな人事制度づくりを通して、会社にはかなりの貢献をしてきたつもりだ。あれは間違いなく重要度の高い領域の仕事であったはずだ。目標管理制度もそうだし成果主義もしかりだ。そして、無理やりに導入させられた早期退職優遇制度にしても同様だ。結果的に一回目の応募者はゼロだったが、最大限の時間効率で社員サービスと経営者満足のバランスがとれる内容につくり上げて導入したのだ。重要度の低い領域に時間を割いてきたつもりはない。それは間違いない。

谷川がそのように自分に言い聞かせていると、休憩時間が終わって次のセッションが始まった。時計を見るともう午後三時を回っている。午前中から先ほどまでのところがいわゆる「個人としての自分」の分析で、これから「職業人としての自分」の分析に入るのだという。

職業人としての自分の分析

⑤仕事の分析

何枚かのシートが配布され、自分の仕事を分析していくセッションに入った。流れとしては、まず経験職務を整理して職能別に自分の強みを分類する。そして、直近三年間の達成業績を洗い出してそのときに使ったり培ったりした自分のスキルを「コンセプチュアルスキル」「ヒューマンスキル」「テクニカルスキル」に分類していく。このときにＰＡＲ（パー）分析で行うのが実務の現場で使えるアウトプットをもたらす方法で、今日はその手法で分析をするのだという。榊原の作業説明が続いている。

「これはキャリアカウンセリングの現場でベテランのカウンセラーが用いている方法で、世の中にたくさんあるキャリア研修でなされているものではありません。一般のキャリア研修では、業績とか成果などとネーミングできそうな結果を、そのまま本人の強みとして取り上げてシートに書いたりするのですが、それはほとんど仕事現場で使えない研修シート用のデータなのです。業績とか成果はあくまでも結果（R = Result）であって、成長に密接な再現可能性という観点からすると、行為（A = Action）こそが個人にとっても組織にとっても大切なものになります。再現可能な行為を取り出さない限り個人の汎用的な強みは出てきません。プロセスである再現性の高い行為がトランスファラブル（移転可能な）・スキルなのです。問題（P = Problem）があって、それに対してどんな行為（A）をとったのかが、その人の重要項目なのです。ですから、意図的な行為なしに出た結果は、たとえその会社で業績や成果として評価されていたことであったとしても、キャリアマネジメントの観点からは達成業績とは呼びません。**結果だけを評価しても個人の成長につながらない**という発想です。これはコンピテンシー（よい成果を出し続ける行動特性）という考え方に近いものです。

余談ですが、日本で導入されているコンピテンシー制度は、まだほとんどの場合、個人の成長はターゲットになっておらず、いわゆる『成果主義』の道具として使われていますので、その使い方に私は違和感を持っています」

幾種類ものシートを榊原の解説に合わせて記入していきながら、参加者が疑問に思ったり表現を思いつかなかったりしたときはその都度質問してやりとりすることによって、職務分析のセッションが進んでいった。このセッションの最後には、さまざまなキーワードによって自分の「コンセプチュアルスキル」「ヒューマンスキル」「テクニカルスキル」を表現することになっていて、そこまでやって自己分析が終了するのだという。

谷川はこういった職能分類作業を得意としていた。そこで、達成業績シートの行為項目にすばやく「初めて会社パンフレットを作成した」と疑問を感じることなく記入したのだが、それを見かけた榊原がにこにこしながらまた質問してきた。

「谷川さんが本当にパンフレットを作成されたのですか？」

「もちろんですよ」と谷川。

「しかし、ナップスは印刷会社でも、企画制作会社でもないですよね。誰が印刷したのですか？」

「印刷は外注に決まっているでしょう」

「では外注先が印刷したのですね。それでは、外注先との値段交渉は谷川さんがされましたか？」

「いや、うちではそういう交渉事や値決めは資材購買部がすることになっているから、私はタッチしていない」

「そうですか。では、パンフレット作成のいろいろなフェーズ、ページレイアウト決め、写真撮影の立会い、キャッチコピー決め、文字校正などは谷川さんがおやりになりましたか？」

「そういった細かいことは主任にやらせて、私は報告を聞いて進めたわけだ。管理職だからな」

「そうすると、谷川さんご自身の行為としては何がありますか？　ここでは、再現性の高い行為、つまり移転可能なスキルを明確にして、それを『コンセプチュアルスキル』『ヒューマンスキル』『テクニカルスキル』の三つに振り分けて自分の強みを表現しようとしているのです。具体的な行為がない場合は、通常の管理業務をしているに過ぎませんから『パンフレットを作成した』と行為レベルで書くのは事実と違ってきます。もしパンフレットづくりを谷川さんが発案されたのなら、その発案行為は『コンセプチュアルスキル』ですから、その部分に行為があることになります。そんなふうに考えるといろいろ見えてきませんか？　発案は谷川さんですか？」

「いや、それは部長からの指示だ……」と谷川は答えたが、その後の言葉が続かない。榊原はにこにこしてはいたが、いまのやりとりで間違いなく自分の認識の甘さが暴かれた形になってしまった。確かにそうだ、自分がしたのは通常の管理業務だ、とは思ったものの、「それくらい書いたって、いいじゃないか。ほっといてくれ」と反論したくもなる。そういう雰囲気を感じてか、榊原が全体に対して補足説明をしはじめた。

「自分の強みであるトランスファラブル・スキルを抽出するとき、われわれはまず、この行為（動詞）の主語は誰かと問うたうえで、５Ｗ１Ｈで自問していくことが必要なのです。そしてこれは、管理職である皆さんが育成のために部下に対して問うべき質問の仕方とイコールなのです。皆さんは部下自身に自分の再現性の高い行為を意識させたり、逆に行為の再現性を高めてスキルを深めていくための考え方を伝授する使命があります。部下を結果だけで評価していては人材育成に失敗します。いわゆる『成果主義』がうまくいかないのは当然だと思われます。仕事のプロセスに内在する『個人の成長につながるトランスファラブル・スキル』に目を向けず、ひたすら組織が求める『結果』にのみ注目してそれを金銭価値に置き換えて『ウマの鼻先のニンジン』にしようとするわけです。われわれは行為の中に自分自身の欲求や動機を秘めているのですが、それが無視される格好になってしまうわけです。マネジメントにおいて、部下に欲求や動機があることを忘れてしまうと部下の成長はなくなり、ひいては組織の成果も出なくなるでしょう。こういったことは別途予定されているマネジメントの勉強会でも話題になると思いますが、自分自身のキャリアを明らかにするこのワークショップの中で行為の重要性を認識できるようにしておけば、職場に戻ってからの部下との会話が深まるはずです。かなりお得なお土産かもしれません」

「お得なお土産か……」そうかもしれないとは思いながらも、谷川は自分の行為というものの中に榊原がいうトランスファラブル・スキルがどれくらいあるのだろうかと不安になってきた。今の説明を聞くと、「パンフレットを作成した」と書いてもいいじゃないかとこれ以上反論する気にはなれない。人事畑が長く、職能のキーワードを操るなどお手の物だと「仕事の整理」部分についてタカをくっていた谷川だったが、何か脱力感のようなものを感じ始めていた。

⑥自分小史の作成と自分語り

ワークショップは夕食後から自分小史の作成セッションに入った。まる一日をかけてやってきた「個人としての自分」と「職業人としての自分」の分析シートに基づいて「自分小史を書く」という前半の仕上げ部分だ。そして、明日の朝からグループ内で各自が自分小史を語り、他のメンバーはそれを聴くというセッションが予定されている。すでに午後九時を回っているので、かなり書き進んでいる人もいるようだ。「趣味・特技」「特性」「価値観」「人脈」「時間管理スタイル」「教育履歴」「トランスファラブル・スキル」「達成業績」など、各シートに記入した自分なりの具体的なキーワードを組み合わせて、今日までの自分の足跡、轍《わだち》を表現するのである。

「できるだけ専門用語は使わず、自分の仕事を知らない家族や友人に語って聞かせるつもりで書いてみましょう。今後は、新しいことをするたびにこの自分小史を更新していくと、『日本経済新聞』の最終面に掲載されている『私の履歴書』の簡易版ができあがりますよ」と榊原が言っていた。

パソコン持込のワークショップなので、あちこちでキーボードを打つ音がしている。プリンタが設置されているので必要に応じて打ち出すことも可能だ。「会話も自由、休憩も自由。とにかく明朝までに仕上げていればOK」という条件になっているので、他人のPC画面を覗きに行って出来具合を見て安心している人がいる。若いころの失敗談を問わず語りにしゃべっている人もいる。半分ほど打ち終わったものをプリントアウトして見せ合っている人たちもいる。作業は和気あいあいの雰囲気の中で進んでいった。

夕食の前後に脱力感を感じていた谷川だったが、この明るい雰囲気の中で各シートを眺めながら自分小史をつづっていくうちに、次第に気分が和んできていることに気がついた。この作業をしているといろんなことを思い出す。まだ入社早々のころ、気に入らない先輩を人気《ひとけ》のない夕方の食堂に呼び出してさんざん文句を言ってやったこと。その日、食堂を出たときに見えた夕日がとてもきれいだったこと。また、毎年のスキーシーズンには、ほぼ週末ごとのスキー合宿に参加し、月曜日はいつも夜行バスから職場に直行していたこと。それから春闘が盛んだったころ、中執委員たちにほとんど監禁状態にされながら、しかし明け方近くまで侃々諤々《かんかんがくがく》の議論をしたこと。あの一件があったからこそ、労組の前委員長とは今でも付き合いが残っているのだろう。思えば自分も若いころはなかなか血気盛んで、いろんな人に熱く語っていたのだった。そう思うと、忘れていた大切なことを思い出しそうな気がしてくる。

谷川がそんな思いにふけりながら二ページ目に入ったところ、会議室の使用終了時刻を告げる音楽が流れはじめた。午後十時半になると会議室が消灯となるのだ。続きはこのあと、部屋で各自が自分の都合に合わせてやるということになっていた。

翌日は朝から自分小史に基づく自己語りで、午前中の大半が終わってしまった。朝一番に榊原が「それでは、グループの中で一人二〇分程度ずつ、自分小史を解説する格好でご自身を語ってみてください。自分を語っている人が主人公ですので、他のメンバー四名は、主人公のお話に耳を傾け、その人生に共感しようとしてみてください。それが職場で部下に対応するマネジャーの基本姿勢にもなります。そういったマネジメントトレーニングの意味もありますのでやってみてください」と言った時点では、「二〇分もやるのか?」「長すぎるよな」「五分で十分だよ」などと口々にぼやいていた部・次長連中だったが、いざ自分語りを始めるとほとんどが二〇分では終わらず、短い人でも三〇分、長い人では四〇分くらいかけて思い出しながら自分を語っていた。これは、他のメンバーがよく傾聴したこととも関係しているようだった。

横で見ていたアシスタントの矢澤久美子は、部長たちも話題によってはちゃんと傾聴できるのだということを自分の目で確認できてホッとした。特に谷川次長は、昨日は終日、苦虫を噛み潰したように眉間にしわを寄せっぱなしだったので気になっていたのだが、今朝は心なしか表情が柔らかく、自分語りも三〇分近くしていたし、メンバーの話も頷きや相づちなどを交えてよく聴いていた。年末、榊原との最後の打ち合わせのときに、谷川次長にうまく関わってくれるように頼んでおいたことが少しは役に立ったのかもしれない。とにかく、このキャリアマネジメント・ワークショップを起点として、このあと企画をしているマネジメント勉強会にスムースにつなぎ、部下のキャリアと行動にうまく目配りのできる管理職を増やさなければならないのだ。そのベースとなるのが、人の話を聴くということなので、自分語りのセッションでお互いに相手の生きざまを聴きあっている部長・次長を見ることができて本当によかった、と矢澤は思った。

⑦横との連携をとりながらの価値提供プランづくり

プログラムはその後、この管理職コースのクライマックスである価値提供プランづくりに入っていった。これからあと定年までに残された時間の中で、今まで積み上げてきた自分の強み、スキルなどを駆使して、どのように自分らしい仕事をしていくのかをイメージしたうえで、直近半年から二年以内でチャレンジしたい新しい仕事、仕事のスタイル、行為目標などを「価値提供プラン（ルーティン業務ではないもの）」として明確にするのだ。そして、グループを「役員会」に見立てて、そこに対して自分のプランを売り込むシミュレーションをしようというわけだ。

メンバーは社長役、専務役などをそれぞれ順番に体験し、榊原は社外役員という想定で話し合いに加わることもある。社長役を演ずるときには、提案されたプランを「買うか、買わないか」の意思決定をその場でしなければならない。自分の「価値提供プラン」を明確にすると同時に、いくつか上の職制を演ずることによって意思決定（ディシジョン・メーキング）のシミュレーションにもなるセッションとして設計したものだ。

なお、買うか、買わないかは、その「価値提供プラン」が①ビジネス上の価値を持っているか、②提案者のポジション・報酬にふさわしい内容か、③部下および関係先を巻き込む具体性を持っているか、などを勘案し、役員役の意見も総合判断したうえで最終的に社長役が意思決定を下し、本人にその場で告げる。そして、買う、買わないにかかわらず、社長役はその根拠を述べなければならないのだ。

一件三〇分程度の「審議」が次々と終了していき、最終的に数件が却下となった模様だ。買われても買われなくても、この価値提供プランは二週間以内に自分小史と併せて会社に提出することになっていて、その後それに基づいて、部・次長職の使命をもう少しクリアにしてもらいたいと要望していた社長との個別面談が予定されている。だから、この意思決定シミュレーションには、部長・次長同士がお互いに自分らしさを見せながら知恵を出し合い、そしてこれからしようとしている仕事を分かり合ったうえで、部門の壁を越えて連携する関係づくりを促進しようという意図が込められている。

そのことは、「社長との面談で文句を言われる前に、自分たち自身でお互いのプランが精度アップできるようにアドバイスの交換をしておきましょう。バージョンを上げたうえで社長面談に臨むほうがいいでしょう？　そのためには、社長役のときは『相手のために』辛口のフィードバックを心掛けてください。そのマインドを持つことがこの意思決定シミュレーションのルールです」と榊原が最初に説明をしていたので、参加者は良い意味で厳しく提案者と向き合っているようだった。社内研修でよくあるように、変に照れたりするチームは皆無だった。ＯｆｆＪＴではあったが、このキャリアマネジメント・ワークショップでは、多くの部長・次長職が真剣に自分自身および自分の仕事に向かい合う時間が持てたようだった。

談笑しながら、三カ月後の自分に宛てて手紙を書いている参加者を眺めながら、矢澤は第一回目のキャリアマネジメント・ワークショップがひとまず成功裏に終わりつつあることを実感していた。自分のキャリアの捉え方を知ることによって部下の成長に関わりやすくなることは間違いないし、自分小史に基づく自分語りは肯定的な自己像の確認の場になっていた。**肯定的な自己概念なくして次の積極的な一歩は踏み出しがたい**ものだ。その感覚を体験することによって、部下の積極的な一歩の踏み出しを支援するマネジャーの重要性に気づいた人もいたようだ。

また、意思決定シミュレーションでは、お互いの精度アップを支援しあう場を持つことを目的のひとつにしていたが、「その仕事はルーティンワークで価値提供プランとは思えないよ」とか、「あなたの立場でそんな仕事の仕方をしていると、部下から見放されるんじゃないの？」とか、「そのボリュームの仕事なら、半年じゃなくて三カ月で終了させないといけないと思うな」など、良い意味で厳しく向き合っている様子が伝わってくる会話が多く聞こえ、矢澤にとっては部門の壁を越えた人のつながりもできつつあるのではないか思える嬉しい材料をたくさん得た二日間だった。

好評のキャリアマネジメント・ワークショップ

その後、三月の初めまでの二カ月間に部長・次長コース、課長コースと分けたキャリアマネジメント・ワークショップが数回実施されたが、開催時期が年度末で参加が苦しかったという意見を除けば、それぞれ第一回目と同じように参加者からはたいへん好評だった。

・もっと早くキャリアの考え方を知りたかった
・自分の歩んできた足跡を改めて眺めてみて、自分も捨てたもんじゃないと思えた
・定年までの一五年、自分をどう生かすかを考える機会を持ててありがたかった
・ある期間、キャリアが空白になっていることを痛切に思い知った
・積極的に新しい仕事に挑戦する気力が高まった
・自分の強みが何なのかということを、より鮮明に理解することができた　など。

このワークショップを踏まえて、春以降で同じ管理職を対象にマネジメント勉強会が予定されているのだが、新年度が始まって五月の後半まで、矢澤のいる人材開発グループは新卒者の受け入れに追

われ、谷川次長が管轄する人事グループでも来年度の新規学卒者との接触が五月の半ばまで続くことが予想されていた。そんな事情から管理職対象のマネジメント勉強会は六月から開始する予定になっていた。しかしその間、部門長による〈技術要員育成ミーティング〉は、山口取締役の主催で毎月継続され、キャリアマネジメント・ワークショップの実施報告や参加者の感想が共有され、部長たちの仕事スタイルの変化なども実名入りでやり取りされるようになってきた。山口がつくった仕掛けのおかげで、部門内の様子が見えやすくなってきたわけだ。部門長はほとんどが執行役員なので、キャリアマネジメント・ワークショップには参加していないが、この〈技術要員育成ミーティング〉での情報と参加者からの報告とによって全体像をほぼ把握しているようだった。また中には米国駐在の経験から「キャリア」に強い関心を持っていて、時間のやり繰りをしてワークショップをのぞきに来た部門長もいた。

参加したほとんどの人たちはワークショップ後に仲間からもらった意見や案を織り交ぜて「価値提供プラン」のバージョンをアップさせたとのことだったが、そのバージョンアップしたプランを持って社長面談に臨む部・次長たちの表情が以前とは違ってきているらしかった。また社長面談はない課長職なのに、自分のプランを社長にメールで送って意見をもらった人もいたとのこと。今までのナップスにはない積極的な行動だよと、ある部門長が嬉しそうに報告していた。

五月の〈技術要員育成ミーティング〉は、労組と共催のキャリアマネジメント・ワークショップと次に予定されている管理職向けのマネジメント勉強会への期待感が語られて終了した。

マネジメント勉強会

①マネジメントとは

六月になってキャリアマネジメント・ワークショップに参加済みの管理職を対象にした第一回マネジメント勉強会が開催された。今回の運営者は伊達涼介という経営コンサルタントだ。矢澤はキャリアマネジメント・ワークショップに引き続き、事務局と運営アシスタントにまわっている。メンバーの入れ替わりが多少あるものの、参加者は谷川を含めてほぼ同じ顔ぶれだった。矢澤は今回も事前に伊達涼介を谷川に引き合わせておいた。うまく関わってもらうためである。

今回はワークショップの続きの勉強会なので開講スピーチはなしである。伊達涼介が簡単に自己紹介をして「マネジメントの定義」から話が始まった。いろんな定義があるようだが、ここではＰ・Ｆ・ドラッカーの言葉から「人間に関わるもの」「人の強みを発揮させるもの」「組織に成果を上げさせるもの」「人間学」というキーワードを引っ張ってきて説明をしていた。これは、矢澤が打ち合わせのときに言っていた「人の話を聴くのは得意でなく、部下は指示をして動かすものと考えている技術系管理職が多い」ということから伊達が見当をつけて持ってきた言葉だった。

②あなたはどんな上司？

定義の説明を終えると伊達が参加者に質問した。「さて、内容に入る前に皆さんに質問が三つあります。まず一つ目です。いま、マネジメントには『人の強みを発揮させる』というキーワードが含まれていると申し上げましたが、皆さんは次の①②どちらのタイプの上司と仕事をするときに、やる気が湧いてきて自分の強みを発揮できると思いますか？」

①に手をあげたのはゼロ、②に二〇人の手が挙がったのを見て、伊達がホワイトボードに人数を書き込んだ（図表14）。

「どうもありがとうございます。では二つ目の質問です。皆さんは、自分自身を①②では、どちらのタイプの上司だと認識していますか？」

今度は①が一九人で、②が一人となった。伊達はホワイトボードに人数を追加してから、笑いながら言う（図表15）。

「おもしろい現象ですねえ。自分が部下のときは『可能性を信じてもらいたい』と思っているのに、上司になると手のひらを返したように『部下の可能性』を信じない上司になっているのですね。でも、とても正直でよいと思います」そこ、ここから笑い声が聞こえてくる。

「谷川さんもやはり、仕事がうまくできない部下を見ると『こいつはダメなやつだ』と思ってしまうほうですか？」笑っているメンバーにひと言ふた言声をかけたあとで、伊達がうまく谷川に質問を振ってくれる。引き合わせておいてよかったと矢澤は思う。

「それはそうでしょう。何度も失敗されちゃあ、こっちとしても大事な仕事を頼むのはこわくなるからね。重要な仕事は信頼のおけるやつに回しますよ」

「確かにそうだよな、人材育成は大事だとは思うけど、あとで責任を取るのは結局、こっちなんだか

●図表14　質問1:あなたが部下のとき、やる気のでる上司はどっち?

①「自分のことをダメなやつだ、と思っている上司」……0人
②「自分のことを可能性や将来性がある、と信じてくれている上司」……20人

●図表15　質問2:あなた自身はどっちの上司タイプ?　質問3:それについて部下の認識は?

	質問2（自分の認識）	質問3（部下の自分に対する認識(推測)）
①成果が出ない、または仕事がうまくできない部下を見ると、「こいつは結局ダメなやつだ」と思って接してしまう	19人	10人
②成果が出ない、または仕事がうまくできない部下を見ても、「可能性や将来性を秘めているに違いない。いつかはいい仕事をしてくれるはずだ」と信じて接することができる	1人	3人
③分からない	0人	7人

ら、仕事を渡す相手は慎重に考えるよな」と隣の部長が谷川に同意している。

「なるほど、確かにそういう感情は湧いてきますね。では、三つ目の質問です。皆さんから仕事を出される部下のほうは、皆さんのことを①②どちらのタイプの上司だと思っているでしょうか？　それについての皆さんの認識をお答えください」

「うーん……」「そういうのは考えたことがないなあ」などという声が聞こえ、結果は、①が一〇人、②が三人、③が七人となった（図表15）。

「なるほど。①と③、つまり『ネガティブ認識』と『分からん』を合わせると一七名となりました。つまり、自信を持ってポジティブな上司・部下関係を持っていると言える方は三人ですから一五％というところですか。もし管理職全体でこの比率だとすると、ナップスの社員はなかなか大変かもしれませんね」伊達がにやにやしながら言うと、どっと笑い声が起こった。笑い声が静まるのを待って、伊達がや

や固い口調で説明をはじめた。

「ところで、『信頼』とか『信じる』とかいうことですが、この際、初めにはっきりさせておきたいと思います。谷川さんもおっしゃっていましたが、『あいつは、よくしくじるから信頼できない』と言うマネジャーがいらっしゃいます。しかし、その言葉の使い方は考え直してみる必要があります。なぜなら、『信頼する』というのは、もともと『できる、できない』という『能力とか可能性』の問題ではないからです。能力の問題ではなく『するか、しないか』という『意思』の問題なのです。先ほどの質問2の回答が事実であるとするなら、一九人というほとんどの方が部下を『信頼しない』という意思を表明していることになります。その結果、質問3で、部下との関係はネガティブまたは分からないという方が合計一七人となっており、話はほぼ合致してきます。とても正直でよいのですが、マネジメントとしては具合が悪いと思われます。良い組織風土は人に対する条件なしの信頼感から始まるのですからね。その信頼感が部下の成長を促し、よい仕事成果に導くのです」

伊達の話を聞きながら、腕組みをして天井を見ている人、手元のレジュメに目を落としてうなずいている人、ホワイトボードの数字をメモしている人など、参加者の反応はさまざまだが、それぞれに何かを考えているようには見える。

●図表16　マネジメントスタイル「20世紀型」と「21世紀型」

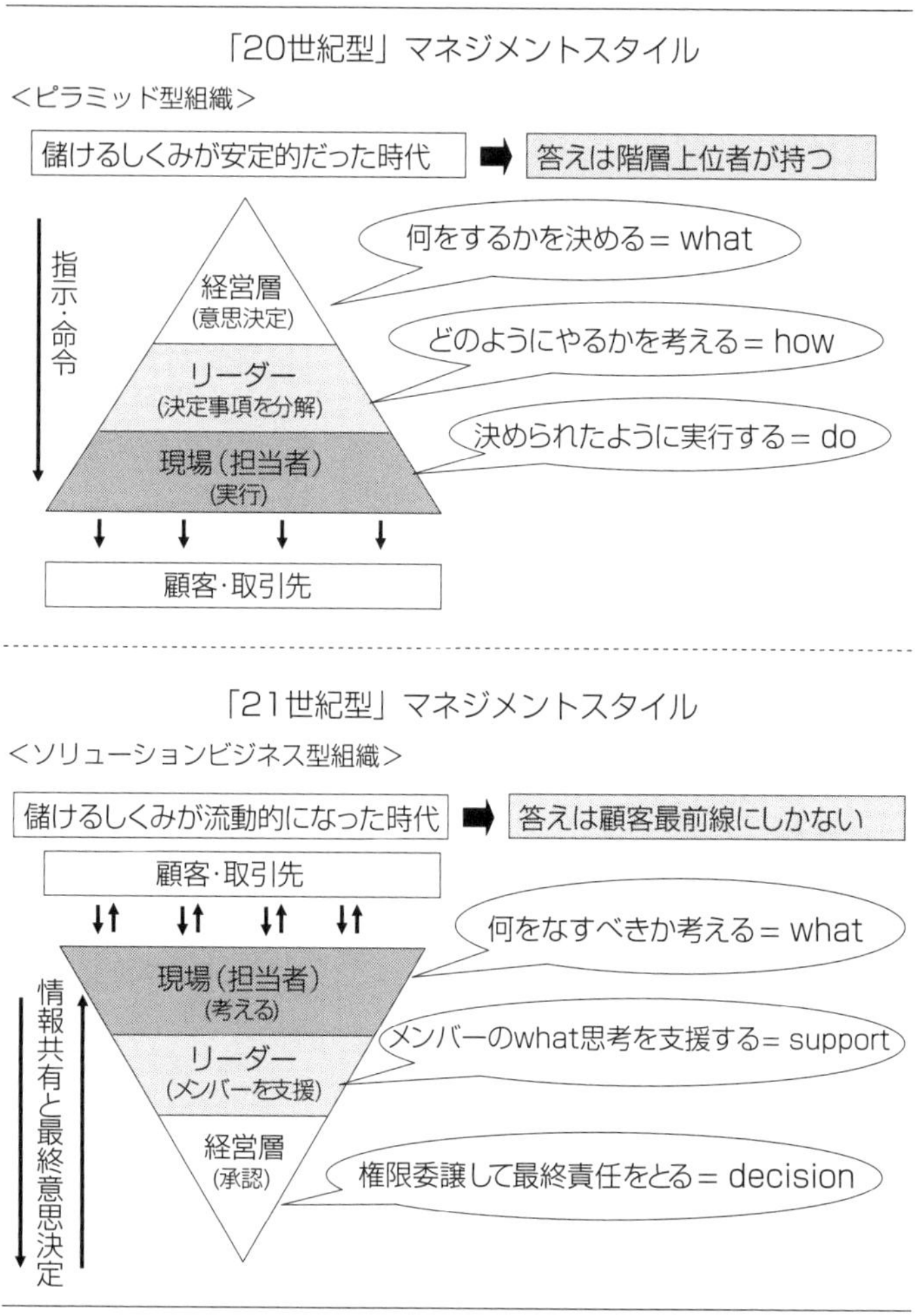
「20世紀型」マネジメントスタイル
<ピラミッド型組織>
儲けるしくみが安定的だった時代
答えは階層上位者が持つ
指示・命令
経営層
(意思決定)
リーダー
(決定事項を分解)
現場（担当者）
(実行)
何をするかを決める＝what
どのようにやるかを考える＝how
決められたように実行する＝do
顧客・取引先
「21世紀型」マネジメントスタイル
<ソリューションビジネス型組織>
儲けるしくみが流動的になった時代
答えは顧客最前線にしかない
顧客・取引先
現場（担当者）
(考える)
リーダー
(メンバーを支援)
経営層
(承認)
情報共有と最終意思決定
何をなすべきか考える＝what
メンバーのwhat思考を支援する＝support
権限委譲して最終責任をとる＝decision

求められるマネジメントスタイルとは？

プログラムはそのあと、求められるマネジメントスタイルの確認に入った。

③マネジメントスタイル

「マネジメントスタイルについては、皆さんもすでに学習をされていらっしゃると思いますが」と前置きをしながら、伊達が「二〇世紀型」と「二一世紀型」と題して典型的な違いを解説し始めた（図表16）。

大きな経済成長があって儲ける仕組みがはっきりしていた時代には、何をすべきか（what）を経営が決め、管理職はそのやり方（how）を考えて、担当者がそれを作業として効率的に実行（do）するという軍隊式「指示命令型」がとてもよく機能していた。ところが、既成のビジネスモデルが崩れて儲ける仕組みが流動化してしまった現在、何をすべきかの答えは顧客の最前線にしか存在しなくなった。つまり、「答えの在り処」が川上から川下に、経営側から顧客側に移るパワーシフトが起こっていて、ナップスのようなソリューション型のビジネスではそれが顕著なのだ。

顧客や現場を社内で一番よく知っている担当者がしなければならないことは、以前のように指示された「作業の実行」（do）ではなく、顧客最前線にある「答え（＝顧客ニーズ）」を見つけるために、情報を集めて考え、そして顧客に「答え」と思われるものを提案することに絞られる。つまり、当社としてこの顧客に対してしなければならないことは何なのか、ということを考えることが担当者の主たる業務になっているのだ。

したがって管理職の役割も変化せざるを得ず、マネジメントスタイルの転換が求められている。この認識を誤り従来通りの指示命令型マネジメントスタイルをとり続ければ、パフォーマンスが上がらないだけでは済まず、部下から信頼されなくなってしまう。これは人材の流動化を背景とした若手の退職にまで波及する問題になっている。

そのように考えていくと、管理職がしなければならない重要なこととして、「担当者が自分の頭の中にある現場感覚系の情報を整理して、顧客のために『何をなすべきか』を考えることをサポートし、同時にある程度の権限も委譲しなければならない」という命題が浮かび上がってくる。このサポート行為によって、顧客最前線にある「答え」が見えてきて、それを核としてなすべきことを仮説化して経営の意思決定へとつなげる役割が管理職には求められるのだ。従来の「答え」を持ったヘッドシップによる指示命令型の管理スタイルは通用しなくなっているのである。

④ビジョンの共有

伊達が説明を続ける。「具体的な作業ならマニュアル化して職制による『指示命令』によって実行させることもできますが、『考える』ということは内的で抽象的な行為ですからそうはいきません。外部の強制力によって『考えさせる』ことはできないのです。それに『考える』ことを実のあるものにしようとすればリアルタイムでの試行錯誤、つまり実行行為とセットにすることが必須となりますので、担当者に行為の裁量権を与える必要性が生じます。これは一種の権限委譲なので、方向性がずれないようにリーダーによるビジョンの共有が重要となります。

会社の目的やビジョンはとても抽象性の高いメッセージですから、言葉として示されただけでは理解や納得がしづらいものです。毎日の仕事や行為と結びつけて考えることができてはじめて、われわれは企業ビジョンを身近に感じることができるようになります。そのための問いかけをしたり、日々の事象をビジョンと照らし合わせて解説するなど、ビジョンと日常行為とのつながりをメンバーに感じさせる重要な役割を担うのが、リーダーの皆さんなのです。そして、これはメンバー全員への指示伝達型のマス対応では効果が薄いため、メンバー個々の成長度合い、理解度、思いなどに合わせた個別対応型の双方向コミュニケーションが求められるのです」

⑤仕事の内発的動機づけ要因

「それから、『考える』というような外部から強制できない行為を人に要求するときに欠かせないのが『内発的な動機づけ』(以下、動機づけ)です。管理職は部下の『仕事の動機づけ』要因に関わる必要があるのです。

仕事の動機づけ要因は、大きく三つあるといわれています。一つは仕事の意味性に関することです。重要だと思えず意味が感じられないようなことを強制的にさせられるときほど、われわれのモチベーションの下がることはないでしょう。逆に、自分にとっての意味が感じられることには気持ちが入り、やる気が出ます。聞いた話ですが、昔どこかの国の刑務所で、受刑者に石を運ばせ、運び終わったらまた元の場所に戻させる。そして、戻したらまた運ばせるということを延々と繰り返しさせていたことがあったそうです。意味がないと感じる作業を罰として強制的に繰り返しさせていたわけです。これほど人間性を貶《おとし》めることはないかもしれません。仕事の意味づけが重要だということです。皆さんは部下に対して、部下がしている仕事の意味や重要性を自分なりに実感できるような会話をしてあげていますか？

二つ目は、仕事の進め方における自律性や効力感に関することです。自己選択や裁量権そして関与の機会がないと、われわれのモチベーションは上がりません。逆に、自分に裁量権がある、自分の意見が仕事のプロセスに反映されていると感じることができれば、積極的にその仕事に関わってみようという意欲が湧いてくるものです。そうなるとストレスレベルも下がります。部下には仕事のプロセスに関与させるべきです。皆さんは部下に効力感を持たせるように意識をして、彼らを仕事に巻き込んでいますか？

そして三つ目は、能力や技能など自信に関することです。これは能力開発そのものに直結しますが、『この仕事はできっこない』と初めから思えるような高すぎるハードルを課されると、われわれは最初から萎縮してしまって、やる気を喪失してしまいかねません。反対に『この仕事なら何とかチャレンジできるかな』という少し高めのバーであれば、やってみようという気にもなるものです。とにかく成長を実感できるように関わることです。これはいわゆるＯＪＴに関係する部分ですが、皆さんは本当の意味で部下にＯＪＴをされていますか？　本来のＯＪＴについては、配布シートに箇条書きしてあります（図表7参照→一一四ページ）。期待を表明して本人のキャリア計画を支援したり、仕事の経験を積ませるように配慮したり、折に触れて振り返りながら適切なフィードバックをしていくことが求められるのです。高度成長時代なら仕事の絶対量が増加していたから、誰もが嫌でも経験を積める環境にありましたが、仕事量が減ってきている現在、誰にどの仕事をどんなふうに経験させるのかということは管理職が考えなければならない重要事項になっているのです。

このようにご説明しますと、個別対応型の双方向コミュニケーションが外せない要素だということがお分かりいただけるのではないでしょうか。マス対応型の一律的な号令で部下を動かして組織成果を上げられる時代ではなくなっているのです。パワーシフトに合わせて、現場型、個別対応型のマネジメントスタイルへの転換が求められています。一言でいうと、管理職は指示命令型から個別支援型にマネジメントスタイルを転換し、顧客に対して何をなすべきか、仕事現場で何を改善すべきかを『考えることができる人材』の育成に注力しなければならないのです。

さて、ずいぶん一方的にしゃべりましたが、何か腑《ふ》に落ちない点はないでしょうか？」

多くの人が黙って頷いていたが、谷川がメガネを中央を押し上げながらひとこと言った。

「総論としては何となく分かるんだがね、実際にはどうすればいいんですか？」

「そうですよね。それが問題だと思います。しばらく休憩をとったあとでその問題に移りたいと思います。谷川さんがおっしゃるように、そこのところがこの勉強会のポイントになると思いますので、今日はこのあと、ロールプレイとグループシェアを中心に個別対応のスキルに焦点を当てて進めていきます。谷川さん、どうもありがとうございます」

「あ、いや」と谷川は頷きながらドアの外の喫煙スペースに立っていった。

●図表17　コミュニケーションの構図

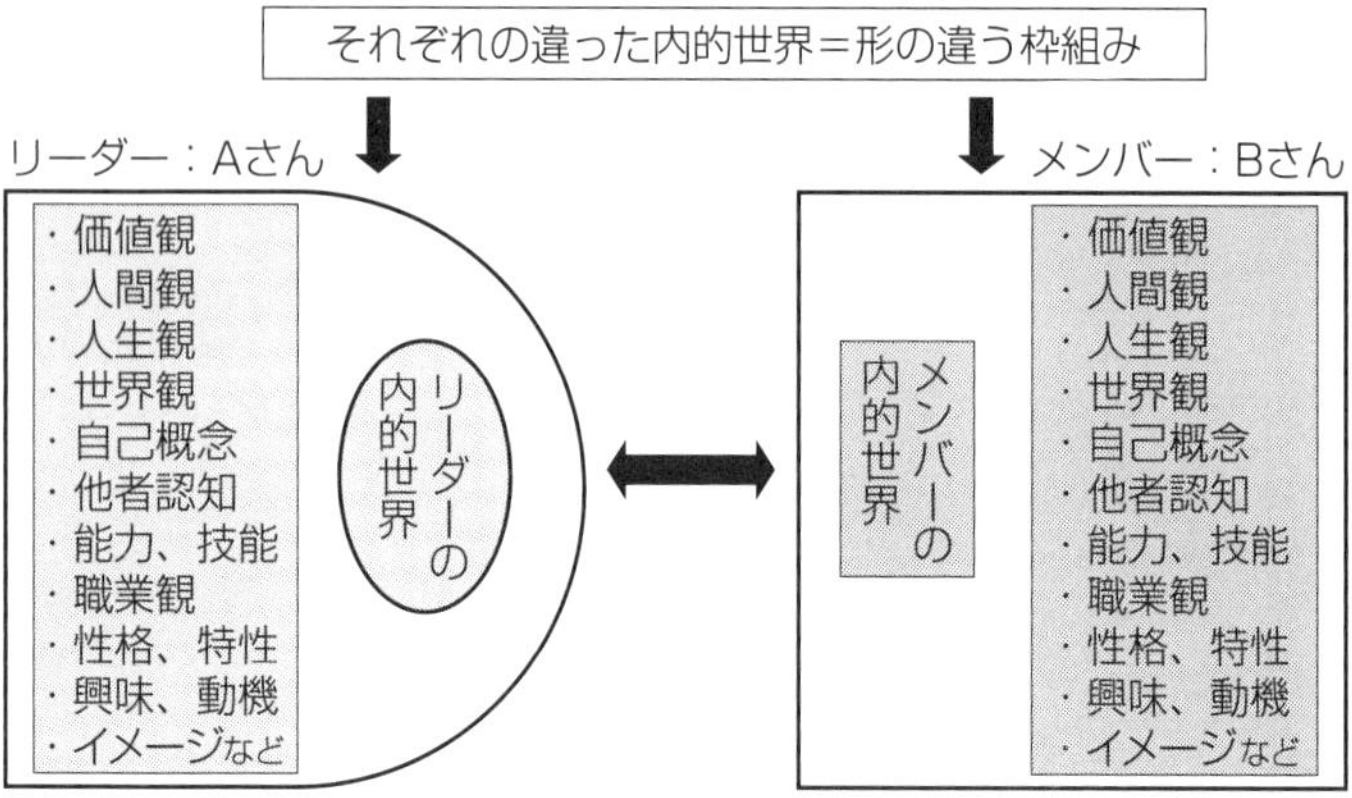

マネジメント・ワークショップ

⑥ワークショップのポイント

勉強会はその後、伊達のアナウンス通り、二人組や三人組になってのワークショップに入った。大きなテーマ、「傾聴」「質問」「部下対応」について、はじめに伊達がそのポイントを説明した。

まず**「傾聴」**。もっとも大切なことは、「相手のために聴く」ということだ。しかし、われわれは一般的に他人の話は聞きづらい。理由はわれわれの内的世界が違うからだ（図表17）。人はみな独自の形をした自分の枠組みを持っているので、他人の話を聞いているつもりが自分の枠組みに当てはめてしまう。見たいように見て、聞きたいように聞いてしまうのだ。「きく」には「耳に入って聞く」→「知りたいことを口で訊く」→「相手のために心で聴く」の三つの段階があるが、顧客最前線にしかない「答え」を部下との対話から導き出す必要がある管理職には、特に「相手のために心で聴く」スキルが求められる。われわれは会話をすることによってはじめて、自分の考えがまとまってくる。組織心理学者のカール・ワイクは「わたしが何を言いたいかは、言ってみないと分からない」と言ったそうだ。部下には結論だけを求めず、感じていることを十二分に語らせることがカギになる。そのためには「相手のために心で聴く」傾聴のスキルが不可欠だ。

次に**「質問」**。管理職が部下に対して効果的な質問ができるようになれば、部下は「何をなすべきか」を考えやすくなる。部下のために心で聴いて、部下の考えを整理し深めるための質問ができる管理職が多くなれば、顧客最前線や仕事現場にしかない「答え」を探り出しやすくなるだろうし、部下自身を質問の達人にすることもできる。顧客とのコミュニケーションの中から「答え」のヒントを見つけ出せるかどうかはソリューションビジネスにとっての生命線である。ここで言っている「答え」とは、顧客自身も気づいていない顧客の持つ潜在ニーズのことである。

そして**「部下対応」**。一般的な日常会話でさえ他人と自分とでは内的世界が違うために話がかみ合わないことが多い。それが仕事を間においての「部下対応」となると、さらに違った要素が組み合わされて関係がより複雑になる。たとえば、職制の違いによる牽制作用。また、実務能力の違いによる行動レベルの差。さらに仕事への取り組み意欲の違いによる、ものの見方や対処の仕方の相違。こういった諸要素は部下ごとに違うし、同じ部下でも状況やタイミングによっても異なる。そこで、こういった諸要素の組み合わせによって、部下への対応の仕方を変える必要が出てくる。つまり、メンバーの成熟度に合わせてリーダーシップスタイルを変えることができるかどうかが管理職に問われているのだ。

⑦ロールプレイ

伊達が全体の概要を説明したあと、ワークショップは「傾聴する」「効果的な質問をする」「部下の状況に応じてリーダーシップスタイルを変える」の三つをテーマにしたロールプレイのセッションに入った。三人一組になって「主たる学習者」「相手役」「オブザーバー（観察者）」の三つの役割を演ずる。人数の足りないときは矢澤が「オブザーバー」役で入ることになっている。

「傾聴する」 セッションでは、三人組でチェックシートを使ってお互いの傾聴スキルを確認。

「相手のために心で聴く」とは、ロールプレイ中の五分間、「主たる学習者（聴き手）」が「話し手（相手役）」に一〇〇％のエネルギーを向け続けようとする行為をいう、との伊達の説明に基づいて、相づちやうなずきや反射やアイコンタクトによって、相手がもっと話をしたくなるような対応をしていたかどうかを「オブザーバー」がチェックするのである。「話し手（相手役）」は「自分はこういうマネジャーでありたい」というテーマで五分間話をするのだが、そのとき「主たる学習者（聴き手）」が「話し手（相手役）」の話の内容を分析・評価し始めて意見を言ってしまうことがよく起こる。そのときにはエネルギーを自分の中で処理しはじめているので、傾聴の態度とは言わないのだと、伊達は何回か表現を変えて説明していた。

ある部長と組んだ谷川のチームに矢澤が「オブザーバー」で入ったところ、やはり二人ともすぐに

●図表18　リーダー関与の5段階

・リーダーの指示量が多いほどメンバーの自律度は小さくなり、メンバーは主体的でなくても事足りる。また、メンバー間の影響関係も少ない
・しかし、リーダーが指示量を減らすだけで、メンバーの自律度が自然に上がるわけではない。メンバーの自律度を高める具体策が必要となる
・自律度を高めるには、個人が問題意識を高め、課題解決スキルを向上させるなど、ビジネスパーソンとしてのレベルアップが必須となる
・なお、メンバーの自律度は「一人称による会話」の量および質によっておおよそ判断できる

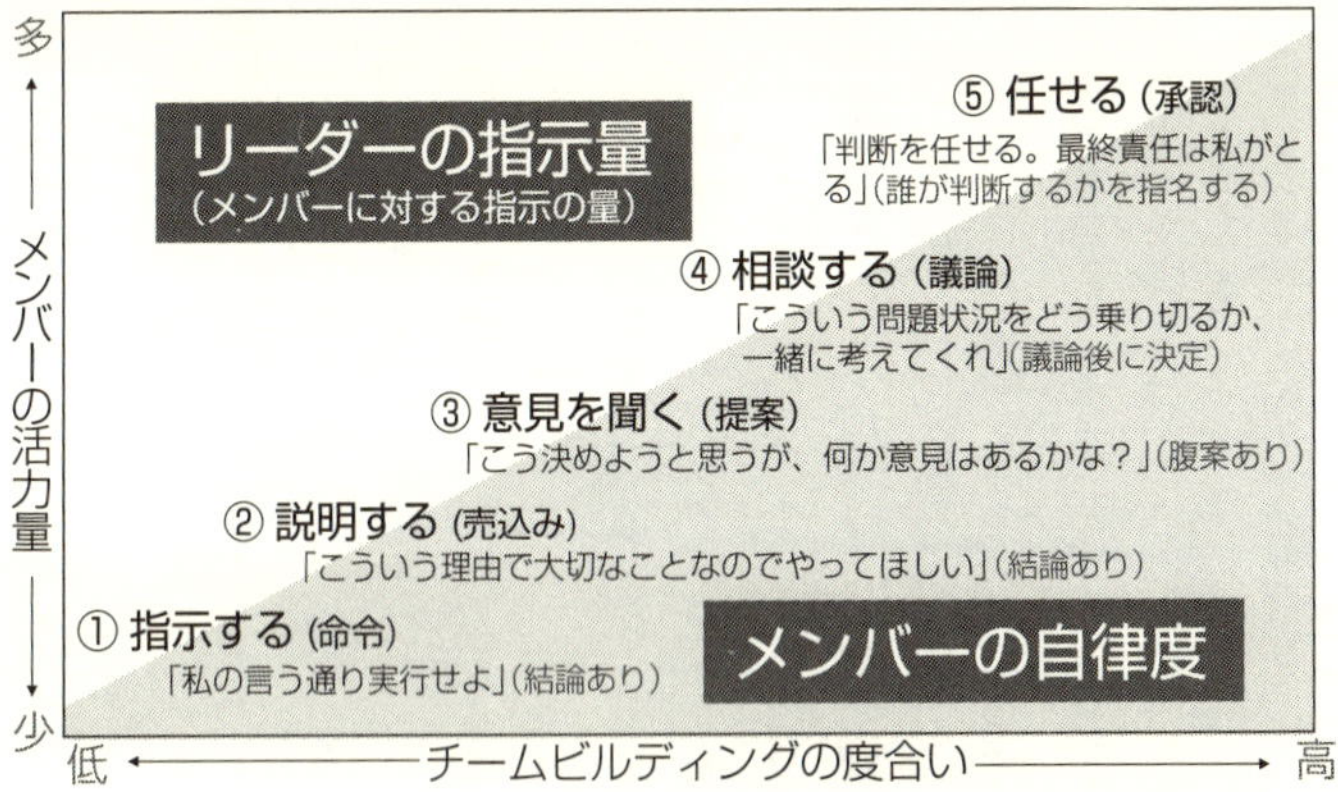
多
メンバーの活力量
少
リーダーの指示量
（メンバーに対する指示の量）
メンバーの自律度
⑤ 任せる（承認）
「判断を任せる。最終責任は私がとる」（誰が判断するかを指名する）
④ 相談する（議論）
「こういう問題状況をどう乗り切るか、一緒に考えてくれ」（議論後に決定）
③ 意見を聞く（提案）
「こう決めようと思うが、何か意見はあるかな？」（腹案あり）
② 説明する（売込み）
「こういう理由で大切なことなのでやってほしい」（結論あり）
① 指示する（命令）
「私の言う通り実行せよ」（結論あり）
低
チームビルディングの度合い
高

自分の訊きたいことを訊いたり、自分の枠組みからの意見を言ってしまったりしていた。相手にエネルギーを向け続ける「傾聴」ができないのだ。そして、ロールプレイ後のフィードバックでは二人とも、自分の言ったことに対して評価的な発言をされると言いたいことがうまく言えず、気持ちよく話す気になれないのがよく分かったと、感想を漏らしていた。

次の「効果的な質問をする」セッションでは、まず全体で基本練習をしてから六—七人ずつに分かれる。そして、抱えている現実の問題をしゃべる「話し手」に対して、五—六人の「主たる学習者（質問者）」がオープンとクローズの質問を取り混ぜて、「話し手」の

●図表19 状況に応じたリーダーシップスタイル（○は問題が少ない、×は問題が多い）

	部下の状況	上司の接し方
○	若手第1期の①	指示命令型（最初から結論ありき）
×	若手第1期の②	指示命令型（最初から結論ありき）
○	若手第1期の②	説得型（最終的には結論ありきだが、話はよく聞く）
×	若手第2期	説得型（話はよく聞くが、最終的には結論あり）
○	若手第2期	支援型（話をよく聞き、議論してから結論を出す）

考えを広げたり深めたりしながら問題解決の手助けをするのである。もし意見を言ってしまったら質問に置き換えるよう誰かが促すことがルールになっている。これは効果的な質問をして組織学習につなげるためのトレーニングだ。

そして最後の**「部下の状況に応じてリーダーシップスタイルを変える」**セッションは、若手社員の自律性を阻害する管理職のリーダーシップスタイルを上司役と若手部下役の双方から体験しようというものだ。ここでも三人で組んで、役割を替えながらロールプレイを行うのである。

若手社員が自分の意見を持たず愚痴《ぐち》や批判だけを言っている状況（若手第一期の②）なら（図表6参照→一一〇ページ）、管理職はよく話（言い分）を聞いたうえで最終的には「気持ちは分かったが、今回はこういう理由でこのようにやってくれ」という「説得型の対応」（最初から管理職が結論を持っている）が妥当だと思われる。ところが若手社員が愚痴や批判だけではなく、代替案や建設的な意見や提案をし始める自立前期（若手第二期）である場合は、話（言い分）をよく聞いて提案事項を検討したうえで、共同して意思決定をする「支援型の対応」（管理職は最初から結論を持ってはいない状態）で接することが必要になる。この感覚がずれると、お互いにフラストレーションが溜まることになり、これが繰り返されると退職につながってしまうこともある。「最近の若者はこらえ性がない」という話があるが、マネジメントスタイルの使い分けによっては防げる可能性が大きいといえる。メンバーの自律度を高めるカギは、リーダーの関与の仕方にあるのだ（図表18）。

伊達涼介は事前打ち合わせで矢澤に、図表19の「×」の状況を参加者がお互いに体験することができれば、現場に戻っても思い出しやすくなるのでよい経験になるかもしれない、と言っていた。ただ、そのためにはロールプレイをトレーニングとして成立させる必要があるので、説明の仕方に工夫が必要だとのことだった。伊達がことさら「トレーニングとして成立」と言ったのは、ナップスで部長クラスを集めて行う研修では、ロールプレイがまともにできたためしがない、と矢澤が伝えたからだ。部下からの報告によると、管理職が集まるとなぜか恥ずかしがって役割演技ができないのだという。それを聞いて矢澤は、研修が真剣な場として存在しなかったからだと思った。ナップスでは研修は息抜きの場、憩いの場だったのだろう。だから、そんなところで気持ちを最大限に入れてロールプレイをするなど恥ずかしくてやる気にならない、というのが正直なところだろうと思われた。上級管理職になればなるほどその傾向が強いとのことなので、ほぼ間違いない。ロールプレイをすることの意味性が伝わっていないのだ。

そんな状況を矢澤から聞いていたので、伊達涼介はロールプレイでの役割の意味を繰り返し説明した。ロールプレイが遊びになってしまっているときに、真剣に取り組ませようとして代表ロールプレイなどをやらせ、行為の真似をさせようとするのは逆効果だ。余計に「ロールプレイ遊び」になってしまう。大切なのは、いまなぜこのロールプレイをするのか、この役割がうまくできるとどんな得があるのか、また、うまくできないと何が困るのか、という個人にとっての「仕事（ロールプレイ）の意味性」を丁寧に分かりやすい言葉で繰り返し伝えることなのだ。食品会社で研修担当をしていた経験から矢澤はそう思っていた。その意味で、伊達涼介のワークショップの運営は安心して見ていることができた。ロールプレイの役割の意味について、伊達の説明は概略、次のようだった。

まず**「上司役」**について。部下役は自立手前の「若手第二期」を二回、同じように演ずるのだが、上司役は「説得型」と「支援型」の二つのアプローチで対応する（図表19太枠部分）。もし、上司役がこの二つのパターンを演じ分けることができなければ、職場では間違いなく誰に対してもワンパターンの対応しかできていないことがはっきりする。有能な若手に辞められてしまうなど、個別対応が求められている現在の管理職としては不適格である可能性が見えてしまう。だから上司役が二つの対応パターンを演じ分けられるかどうかは重要なのだ。

次に**「部下役」**。「部下」をその状況の部下らしく演じることができるということは、その部下役に共感性が上がっていることになる。部下役の気持ちが分かるなら、自分に対して好ましい上司の対応も自ずと自覚できるはずなので、職場に戻ったときに自分が上司としてどのように部下対応をすればよいのかが分かるようになる。つまり、相手のために話を聴き、相手の考えを深めるための質問ができる上司である可能性が高いのである。その逆に、もしその状況の部下を演じることができないなら、それはその状況の部下に共感性を上げられないわけだから、部下の気持ちが分からないまま接している上司であることが自覚されるのだ。個別対応が求められる今日、部下の気持ちが理解できない上司は、顧客最前線にある「答え」や仕事現場にある改善の糸口を部下との会話を通して引き出すことができず、長期的に組織に成果をもたらすことは難しいと考えられる。部下役を演じられるかどうかは、これから求められるマネジメントスタイルを実践できるかどうかの試金石のようなものである。

そして「**オブザーバー役**」。こういうロールプレイのオブザーバーは、会話を客観的に聴く耳を鍛え、相手との関係を観察する眼を養えるというメリットがある。プロセス（人と人との関係過程）を観察する耳と眼が鋭くなるということは、自分が当事者（上司）として主観的に（＝気持ちを入れて）部下と対応しているときでも、相手の様子を冷静に観察するオブザーブ機能が自分の中に埋め込まれているといえる。そうなれば、相手の気持ちにも敏感に反応できるので、モチベーションを下げることなく厳しい意見が言える上司・部下関係をつくることもできるのである。

このようなことを伊達がロールプレイのたびに繰り返し伝えたことによって、今回のワークショップでは今までになくロールプレイが充実したものになり、「ロールプレイ遊び」のチームは見当たらなかった。ロールプレイ後に行った全体シェア（分かち合い）でも、

- 得るところが何点もあった
- さっそく職場に持ち帰って、プロジェクトマネジメントに応用してみたい
- 以前、自分の部署でも元気のよい若手が辞めたことがあったが、マネジメント側の問題があったかもしれないと思えるようになった

・職場に戻って効果的な質問ができるように工夫してみたい
・課長クラスにも早い時期に受講させてほしい
・管理職だけではなく、若手にも自分の発達段階を認識させる意味で受講させてはどうか

などの積極的な意見が大勢を占めた。

そして、ワークショップの参加アンケートに「自分のマネジメントスタイルも意外に固定化しているかもしれないと思ったが、それ以上に、部長連中があんなに真剣にロールプレイをやっているのを見たのは初めてだ」と、昨年まで研修責任者をしていた谷川が書いていたことからみて、キャリアマネジメント・ワークショップに積み重ねて開催した今回のマネジメント勉強会は、部長・次長クラスに対して、かなり大きなインパクトと与えたものと思われた。自分と部下の仕事プロセスに目を向けながら「成果を志向する組織」をつくる基本となる二つのワークショップは何とかうまく回っていきそうだと矢澤は思った。

第6章　上司は重要なメンター

労組からの情報

ナップスでは、仕事プロセスを大切にしながらの「成果を志向する組織」づくりに向けた二つの会合、キャリアマネジメント・ワークショップとマネジメント勉強会が継続的に開かれていた。マネジメント勉強会は管理職だけが対象だが、キャリアマネジメントについては組合員向けに労使共催事業としてのワークショップも開催されていた。今年に入って全社的なワークショップが二つ同時に動き始めているのだ。

もう何回やったのだろうか。人事グループ長の谷川周作はふと数えてみようかと思ったが、手元に研修一覧表がないことに気づいて止めた。季節はもう七月半ばだ。矢澤久美子が入社して一年が過ぎ、自分が第一回のキャリアマネジメント・ワークショップに参加してから半年が経過していた。

このあいだ労組の前委員長が上京してきたので久しぶりに新橋で飲んだが、彼は職場の雰囲気が少しずつ変わってきていると感想を述べていた。組合に持ち込まれる苦情のうち、上司への不満に関するものが減ってきたというのだ。彼が言うには管理職の指示の仕方が変わってきたからではないかとのことだった。もちろん、苦情の対象になる管理職はいてそれは変わっていないというから、管理職が入れ替わったのではない。同じように部下と接していて不満を生じるやりとりが減っているということは、彼が言うように、管理職の指示の仕方やコミュニケーションのとり方が以前と比較して何らか変化したからなのだろう。

そう言われて思い当たるのは、この〈日本橋〉の五階フロアでも、最近は会話がよく聞こえてくるようになったということだ。部長の怒鳴り声が響く法務グループでは相変わらずメンバーはヒソヒソ声だが、他のグループではメンバーの声が確かによく聞こえる。人材開発グループは発足以来いつもにぎやかにやっているが、隣の島の資材購買部でもメンバーが課長に話しかけることが以前よりも多くなってきた気がする。また、不思議なことにこの春以来、他部署の若手や中堅の社員、そしてときには管理職たちが人材開発グループの島に立ち寄って話し込んでいくことも増えてきた。初めは研修のクレームでも言いに来たのかとピリピリしていたが、どうもそうではなく何か相談をしたりしているようだ。ときには笑い声が聞こえてくることもある。いままでこのフロアで時間中に笑い声が聞こえるなどということは、まずないことだった。

そもそも谷川自身は、仕事時間中に笑ったりするのは真剣味がなく気持ちがたるんでいると感じるほうで、発足当初、人材開発グループの連中の笑い声は正直言って不愉快だった。ただ、すぐに仕事の話に戻っているので文句を言うのも大人気ないと思い我慢していたのだ。資材購買部の笑い声も同様なので、いちいち課長に意見するのも気が引ける。時間中の笑い声が気になることに変わりはないが、人材開発でも資材購買でも部下が課長に対していろいろと自分の考えを述べたりしているようなので、グループとしては以前よりも活発になったともいえる。

ただ、自分が管轄している人事グループは、引き続き静かで秩序が保たれている。こちらは個人データなどを扱う部署だから、自分の業務を大きな声でしゃべること自体、厳禁だ。それに組織の秩序維持機能を担っているわけだから、落ち着いて粛々と業務を続けるところに価値があるし、やたらに業務内容を変化させることは会社そのものを混乱させることにつながるから避けなければならない。それを保守的と言う人もいるが、人材開発グループのように既存のシステムや仕組みをインタビューによって簡単に変えたりするわけにはいかない。矢澤グループ長のフットワークのよさは認めるが、それは人事グループには当てはまらないことだ。

そう思いながらカレンダーに目をやると今日は金曜日。週明けの月曜日が「海の日」になっているので、明日から会社は三連休となる。もっとも七月に入ってからはこのフロアでも各自で段取りをして夏休みを取りはじめていて、別に連休でなくても休暇中の人は何人もいる。各地のお菓子がお土産として配られることも多くなってきた。

「明日のいまごろは私も信州にいるな」窓から見える東京の空を眺めて谷川はつぶやいた。明日からの三連休を利用して、谷川は信州まで山歩きに出かけることになっていた。

谷川は若いころから山歩きが好きで夏山にはよく友人や家族と出かけたものだったが、役職がつきはじめてからここ二〇年近くは忙しさもあって行く機会がとれなかった。いや、忙しさを口実に機会を作らなかっただけなのかもしれない。そのようなことを、先月たまたま食堂でいっしょになった山口に話したところ、「じゃあ、今度いっしょに信州に行きませんか？　二日あれば山歩きをしてリフレッシュできますよ。山小屋にご招待しましょう」と誘ってくれたのだ。

山口には昔から写真の趣味があったのだが、山の風景や蝶や高山植物の写真を撮りに信州まで出かけているうちに、山歩き自体に興味の対象が広がり、拠点としての山小屋まで確保してしまったらしい。山口が買ってくるお土産から好奇心旺盛な女性社員が根掘り葉掘り聞き出し、山歩きの趣味と山小屋のことは〈日本橋〉で多くの社員が知るところとなっていた。

キャリアマネジメント・ワークショップで人脈の整理をしたとき、谷川は、山口を数少ない社内人脈のひとりとして数えたのだが、果たして山口が自分のことをどう見てくれているかは分からなかった。気になるところではあったが、面と向かって聞くのはどうも気が引けて、ワークショップ後も気にはなりながらもそのままにしていた。しかし今回、山歩きに誘ってくれたことによって、「人脈」かどうかは別にしても、どうやら否定的な感情を持ってはいないらしいということが分かった。そのことが嬉しくて谷川は山口の言葉に甘えることにしたのだった。

うぐいすと温泉とフィトンチッドに癒されて

翌日の土曜日、谷川はマイカーを出して山口を渋谷駅まで迎えに行った。千葉にある山口の家を経由すると中央道に入るまでに時間がかかるので、渋谷まで電車できてもらうことにしたのだ。

行く先は車山や霧が峰に近い姫木平。二〇年以上前に山口が建てたという山小屋だ。遠慮は無用と言われてはいたが、山小屋とはいえ上司の家に泊めてもらうわけだから、やはりそれなりに気は使う。そこで「私の車で行きましょう」と車の提供とドライバー役を買って出たのだ。

車が中央道に入ってからは、休暇とはいえ自然と話題はここ一年間くらいの人事部のことになっていく。成果主義人事制度の問題点、早期退職優遇制度の今年の応募状況、労働組合の動き、そして今年になってから人材開発グループが同時並行的に実施している二つのワークショップのことなど。人事部の諸活動について雑談レベルでの情報共有の場になった。山口はもともと職場でも話しやすい上司ではあるのだが、今日は山口のほうから山小屋行きに誘ってくれたので、谷川は今まで以上に親近感のようなものを感じていた。そのせいもあって、途中休憩を取りながら諏訪インターに着くまでの約二時間、話はあっちに飛びこっちに戻りしながらも、ナップス人事部のあるべき姿について発散的な会話が続いた。

諏訪インターを出てからは茅野市街を抜けビーナスラインを少し走る。途中の二四時間スーパーで地ビールや食料を買い込んだが、そのあとは白樺湖に至る大門街道を北上するだけだ。

「谷川さん、今日は快晴で蓼科山《たてしな》がきれいに見えていますよ。この分なら明日もきっとよいお天気でしょう。蓼科山登山、楽しみですね」大門峠まで来たとき、山口が言った。

明日は朝から蓼科山に登ろうということになっていて、谷川はそれを楽しみにしていた。蓼科山は別名「諏訪富士」といわれる標高二五三〇メートルほどの円錐形の山だ。

大門峠から姫木平まではすぐだった。東京を朝早くに出発したので、途中で買い物をして時間を費やしたにもかかわらず、お昼前には山小屋に着いた。東京からは思いのほか近い。こんなことなら、もっと早くこちらから頼んででも山歩きに同行させてもらえばよかった。谷川がそんなことを考えていると、山口は手馴れたもので、買ってきた食料を分類して冷蔵庫に入れながら昼食の準備をしている。自分の上司に食事の用意をさせるのは居心地が悪かったので「何をお手伝いしましょうか？」と聞いてはみたが、「ここでは谷川さんはお客さんなのだから、まあゆっくりしていてください」と言われて引き下がった。

窓辺から外を眺めていると、外の木々がそよそよと音をたててそよぎ、乾いた涼しい風が入ってくる。昨日までの東京の暑さがウソのようだ。深呼吸をして気持ちのよい空気を胸いっぱいに吸い込んでいると、こんどは「ホー、ホケキョ」という声が近くで聞こえた。ウグイスだ。せっかくならこの目で見たいと、声のするほうにじっと目を凝らしてみると、窓からほんの五メートルばかりのところにある木の枝が不自然に揺れている。さらに見つめていると、見えた。モスグリーンの小鳥、ウグイスだ。こんなに間近でウグイスを見たのは初めてだった。その小鳥はチョンチョン小枝から小枝へと飛び移り、そのたびに小枝が揺れている。それを見ているうちに谷川は気持ちが落ち着いてくる自分を感じた。自分は常に平静な気持ちでいるつもりだったが、やはり東京の日常生活にはない心の落ち着きが今ここにあった。東京では知らず知らずのうちにイライラしてストレスを溜めていたのかもしれない。

そんなことを考えていると、学生時代にクラブ仲間と美ヶ原近くの三城《さんじろ》牧場にキャンプに来て、降るような天の川を見て感動したときのことがよみがえってきた。あれが信州との最初の出会いで、自分はあのときから山歩きをするようになったのだ。半年前に参加したキャリアマネジメント・ワークショップでも、忘れていたことをずいぶん思い出してエネルギーが湧いてきたが、自然に囲まれた場所に来ると、また違った方面からエネルギーが充填される気がする。ウグイスを間近に見て山の空気を吸えただけでも来てよかったと思った。窓際の温度計は一九度。連日、真夏日になっていた東京より一〇度以上も涼しいうえに、湿度が低いので心身がリフレッシュされる。

山口が手早く茹でてくれた信州そばで昼食をすませ、午後はウォーミングアップとして車山まで往復することになった。ゆっくり行っても三時間あれば往復できるというので山口の先導で登っていくと、車山頂上からははるか向こうに富士山が見えた。今日はラッキーだ。午後にもかかわらず雲がほとんど出ていないのだ。頂上で富士山を眺望してから同じルートで山小屋に戻ってきたが、夕方にはまだ間があった。せっかく信州に来たのだからと、山口の提案で今度は近くの温泉に行くことになった。国道を上田方面に向かって車で二〇―三〇分走ると目的の「武石《たけし》温泉うつくしの湯」という温泉があるのだという。

「うつくしの湯は源泉掛け流しではないですが、竹囲いの露天風呂からは美ヶ原の山並みが見えて気持ちがいいですよ」と山口が解説してくれた。会社でそんな話はしないから知らなかったが、温泉めぐりが趣味になってかれこれ一五年くらいにもなるのだという。仕事上、こんなに身近にいた山口の趣味を知らないなんて、と自分の把握力の甘さが気になった途端、「人事の人知らず」と誰かが言っていた言葉を思い出してしまった。

「もちろん、贅沢な源泉掛け流しが一番ですが、循環風呂もそれなりによいものですよ。詳しくは知りませんが、ここのうつくしの湯はカルシウム・ナトリウム―塩化物温泉というお湯らしいですね」と武石温泉に着くまでの道すがら、北海道支笏《しこつ》湖の湖畔に湧き出ている天然露天風呂、九州湯布院の近くにあるpH１・４の塚原温泉、霧島の硫黄泉や西郷隆盛が「これぞ天下の名湯」と言った鹿児島の日当山《ひなたやま》温泉、神奈川県東丹沢にあるpH９・７の美肌の名湯七沢荘の温泉、青森の酸ヶ湯《すかゆ》温泉など谷川が知らない各地の温泉についての話をしてくれた。

「山口さんは趣味が多いのですね。ゴルフとカメラと山歩きのことは知っていましたが、料理や温泉めぐりの趣味もお持ちだとは知りませんでした。私も若い頃にはスキーをやったり、山歩きをしたりと多趣味のつもりだったのですが、今ではそうでもなくなったなという気がしています。このあいだのキャリアマネジメント・ワークショップで、『趣味』と『娯楽』の違いを教えられて愕然としたのです。私がやってきたのは、ほとんどが『趣味』ではなくて単なる『娯楽』だったことに気がついたのです。つまり、タイムマネジメントで言えば、重要度も急ぎ度もともに低い領域に属するものです。あのとき榊原さんが言っていた『趣味』の領域に入れてもよいものは、私の場合、囲碁くらいしかないなと」

「そうですか。でも囲碁がはっきりと『趣味』の領域に入るといえるなら、それはそれで収穫があったわけだ」

「そうですけどね。しかし、少し残念というか、がっかりというか……」

「がっかりですか。谷川さんがそういう言い方をするのは珍しいね。しかし、気がついたときに気がついたことを始めればよいわけだから、今からまた趣味を増やせばいいじゃないですか」

「それはそうですが、急には増えませんからね。なにかあせりを感じますよ。私も今年で五三歳になりますからね」と答えて谷川はハッとした。

そう、今年の十二月で五三歳になるのだ。ということは、来年五四歳になるということだ。谷川の五四歳という年齢は、自分が制度化した次長としての役職任期が切れる年齢だった。任期が切れると自分はいったいどうなるのだろうか。いままで考えたことがなかったのだが、部長に上がれなければ再出向もありうるのだ。嫌なことを思い出してしまったが、気を取り直して入湯料の四〇〇円を払い中に入る。夕食前の時間帯というせいもあるのか、なかなかの賑わいだった。周りの会話から、お客は地元の人も多いらしいことが分かった。きっと銭湯代わりに利用しているのだろう。

浴室に入りかけたところで山口の携帯が鳴り、話が長引きそうだというので別行動となった。「カルシウム・ナトリウム―塩化物温泉、弱アルカリ性低張性温泉、水素イオン濃度（pH）8・13」と書いてある張り紙を横目で見ながら浴室に入る。ジェット水流風呂やうたせ湯のある内湯でゆっくりしてから露天風呂に移動する。ここの露天風呂は自然石と竹垣が配されていて風情がある。夕方とはいえ、まだ明るさが残る時間帯なので、竹垣越しに美ヶ原の峰が遠望できて気持ちがよい。泉温は四〇・三度と高くはないが、緑の山並みを眺めながらお湯に浸かっているとすーっと疲れが取れていくのが実感できる。こういう気持ちよさは何年ぶりだろうか。今日はこちらに来て数時間を過ごしただけだが、すでにいくつか気持ちのよい体験ができた。

目をつぶると、ビーナスラインの途中で見た白樺湖のみずみずしさと青空にくっきり浮かび上がった蓼科山が思い出される。山小屋で吸ったすがすがしい空気もうまかった。森の中だからきっとフィトンチッドが大量に含まれているのだろう。そのときのウグイスの鳴き声と間近に見たその姿に思わず見とれてしまった。さらに、車山から見えた富士山とその途中の草原に咲いていたニッコウキスゲの鮮やかな黄色も忘れがたい。外の気温は高いのだが、湿度が低くカラッとしているので、木陰に入ると汗がサーッと引く心地よさ。そして今、温泉に浸かりながら遠くの山並みを眺めて発散的にものを考えていると落ち着いた力が湧いてきて、明日からいろいろなことができるような気がしてくる。

やはり、ときにはこういう時間を持って自分らしさを取り戻す必要があるなと思った。これが積極的・能動的なリフレッシュというやつかもしれない。キャリアマネジメント・ワークショップでファシリテータの榊原が言っていた、「急ぎ度」は低いが「重要度」の高い趣味と同じ領域に入るものだろう。あのときはそんなものかと軽く聞き流していたが、今日の半日でそれを実感できた気がする。

榊原は確かこう言っていた。

「いくら『娯楽』に時間を割いてもエネルギーは湧いてきません。疲れが少し取れてプラス・マイナス・ゼロに戻る程度でしょう。しかし『趣味』は違います。特技につながり仕事にもなり得るので成長実感があります。深めれば深めるほど前向きなエネルギーを得ることができるのです。『急がない』が『重要』なジャンルに属するものに時間を投資するということは、一時の気分転換ではなく、長期的・将来的に自分の内面からエネルギーを生み出すことにつながるのです」と。

そんなことを思い出しながら三〇分も山を眺めていただろうか。露天風呂を満喫して浴室を出ると、いつの間に上がったのか、おみやげ物を眺めていた山口が黒いペットボトルを差し出した。

「谷川さん、ここの黒豆茶はなかなかおいしいんですよ。湯上がりのビールが欲しいところだろうけれど、車の運転があるから山小屋に着くまでは少し我慢してもらいましょう」

「健康飲料ですね、ありがとうございます。ビールもよいですが、私はお茶も好きなのです」よく冷えているペットボトルのふたを開けると黒豆の香りがする。飲むとなかなか濃くてよい味だ。

「黒豆茶は湯上がりに合いますな」と谷川が感想を言うと、

「そうでしょう、この黒豆茶は温泉に合うのです」と、山口は慣れた足取りで先に立って玄関に向かった。

ワークショップでの気づき

谷川の運転で山小屋に戻ってきた頃には、あたりはすでに真っ暗になっていた。ここは標高一三〇〇メートルほどの山腹だが、七月の別荘地だけあってあちこちの小屋には灯りがついていて寂しい暗闇といった印象はない。ベランダでバーベキューでもしているのだろうか、時折、にぎやかな笑い声が風に乗って聞こえてくる。

「ではそろそろ夕食にしますか」と山口が缶ビールやおつまみ、冷奴、チーズ、缶詰などを手際よくテーブルに並べていく。いずれも二四時間スーパーで買い込んできたものだ。ビールを注ぎあったあと、山口が「さあ、やりましょう。運転、どうもお疲れさま」と言って、二人で乾杯をする。

「お疲れさまです。今日はご招待いただきましてありがとうございます。会社の女の子から山口さんの山小屋はいいところらしいですよと聞いてはいましたが、本当に涼しくて気持ちのよいところですね」

「そう、ここは気候のよいところでね。新聞などで『別荘地』だといって宣伝していても、ときどき扇風機が必要な興ざめな別荘地もあります。しかしここは違います。日向が汗をかくくらい暑くても、木陰に入るとすーっと汗が引くでしょう？　ひょっとすると軽井沢よりも気候がよいかもしれませんね。軽井沢も広いですから、よいところとそうでないところがあるのです」

「軽井沢といえば一箇所のことみたいに思っていましたが、そうでもないのですか？」

「そう、軽井沢は一つという印象がありますが、場所によってはずいぶん違うのですよ」と、スルメをかじりながらの別荘地談義がしばらく続いた。別荘地ならどこでも似たようなものだろうと思っていた谷川には、「扇風機が必要な避暑地」があるというのは予想外の話で興味深かった。

話が一段落したところで、山口が谷川にビールを注ぎながら聞いた。

「ところで谷川さん、矢澤さんが来て丸一年になりましたが、彼女、どんな印象ですか？」

「人材ビジネスで管理職をやっていたということだったので、さぞかしツンケンした感じの女性なのだろうと思っていましたが、会ってみると意外に柔らかそうだというのが第一印象でした」

「そうでしょう。その後、印象は変わりましたか？」

「いえ、一年経ちましたが変わっていません。それにしてもフットワークのよい女性ですね。当社にも総合職の女性はたくさんいますが、あのタイプはいません。技術系が多いこともあるのでしょうが、みな言動が慎重ですから。入社する前からかばん持ちでよいから出張に連れて行って欲しいなんて言われたのは、あとにも先にも彼女だけですよ」

「そうでしたね。私もあのときは少し驚きましたが、まあ矢澤さんらしいなと思って了承したんです。ああいう発想と行動力を持った女性を人材開発グループに採用したかったわけだから。私としてはみなさんにいつも言っているように、会社変革のスピードを上げたいわけですよ。いまはまだ過去の蓄積のおかげで何とか利益を計上できている状態ですが、外資を含めてこれだけ競争が激しくなってくると、今のままののんびりした社内状態では数年を待たずに利益確保は難しくなる。この危機感は役員会で共有されています。谷川さんも知っているように、新卒学生の就職活動で、『仕事をするなら〈浜松町〉(S社)、ゆっくりするなら〈日本橋〉(ナップス)』と言われているんですよ。そんな不名誉なキャッチコピーは返上したい。

会社はソリューションビジネスを目指していますが、全体としてはまだまだ顧客志向になっていない。ワークショップの開講スピーチでも言いましたが、ソリューションとは名ばかりで、顧客から見れば単なる定型サービスの提供にすぎないものもあるわけです。会社全体が顧客志向になるためには、まず職場のキーマンである管理職が顧客志向のものの考え方や行動ができないといけないわけですが、それがナップスでは遅れている。定型的なモノをつくって販売している会社ならまだしも、当社は顧客が抱える漠然とした問題をエンジニアリング的に解決しようとしているわけだから、当然、その

『答え』はわれわれ経営側ではなく顧客側にしかないわけです。どんな提案をすれば顧客が欲する『答え』に近づけるのかは、現場の生情報を持っている担当者がしっかりと考えないと出てこない。

管理職の役割は、顧客からヒアリングしてきた生情報を使って、現場担当者自身が何をなすべきかを考え、『答え』に近いものを提案できるように支援をすることなのに、いまだに部下に指図をすることが管理職の役割だと思っている人が多い。まだまだ指示命令型のマネジメントがいたるところでまかり通っているのです。経営側が持っている『答え』が顧客に対して有効である状況なら、指示命令型で担当者に実行させることが効果的・効率的でしょうが、問題を発掘して、その解を生み出すという『考える』作業を部下に要求する場合には指示命令型はほとんど機能しない。それを分かっていない管理職がまだまだ多いと私は思っているのですよ。その意味で、矢澤さんがやってくれた一五〇人近くのキーパーソンインタビューから、マネジメントの現状がかなりはっきりしたので、部門長ミーティングの場を持つようにしたわけです」

「確か〈技術要員育成ミーティング〉という名前でしたか？」

「そう、名前はね。技術要員の育成が全社的なテーマなので、表向きはそういう名前をつけてはいますが、あのミーティングでは、『部下育成』という課題を通して管理職は部下とどのように向き合って組織の成果を出していけばよいのか、つまり『ソリューションビジネスでのマネジメントスタイルのあり方』を探ることが本当のテーマなのです。彼らの部下である部長層、そしてその下の課長層のマネジメントスタイルを『指示命令型』から『支援型』にいかに早く変えていけるかが、ナップスにとっても、また管理職自身の価値創出にとっても最大の課題です。『考えることができる部下を増やす』にはどうすればよいのかということです。単なる技術に関する技能・スキルのトレーニングの検討なら、わざわざ忙しい部門長に毎月集まってもらう必要はないですからね」

「忙しい部門長連中がよく文句を言わないものだと思っていましたが、そういうことでしたか」

「そうです。逆説的ですが〈技術要員育成ミーティング〉の最大のターゲットは、技術志向で人材育成に関心の薄いベテラン管理職です。そのためには、部門長に部下たちの日頃のマネジメントスタイルにもっと関心を持ってもらわなくっちゃいけない。そのマネジメントスタイルの変換のために人材開発グループが行う施策を企画段階から自分のことと捉えて、気持ちを入れて現場で推進してほしいわけです。人事部が勝手に何かやっていると思われてしまうとうまくいかない。谷川さんも研修をやっていたときにはそういうことがあったでしょう?」

「ありましたよ。忙しい時期に研修など迷惑だという反応をされるとムッとしますよ、まったく」

「そう、スピードを上げて変革しなければならないこの時期に部門長が一枚岩になれなければ企業戦略が狂ってしまう。人材開発グループのスポンサーはある意味では部門長ですから、彼らを味方にして各部門のマネジメントスタイルを『部下支援・育成型（=考える部下を育成する）』に変える必要がある。そして、顧客最前線から『答え』のヒントを引っ張り出して経営の意思決定につなげていかないと、会社としての勝ち残りは難しい。今年の初めから人材開発グループがやっている一連のワークショップはその重要な起爆剤なんですが、谷川さん、実際に参加してみてどうでしたか？　さっき武石温泉の前で『趣味』と『娯楽』の話をしていましたが」

「あのワークショップでは、私だけではなく参加者の中で多くの気づきがあったようです。仕事を中心課題に据えた自分の生き方について、グループの中でいろんなことを話し合いましたが、人の話を聞きながら他人の強みや自分の特徴に気づくことは多かったです。それなりにはやってきているつもりの自分自身の足跡を確認しながら、他人の生き方に刺激を受けて今後の自分の生き方に反映させるというようなことでしょうかね」

「私は部分的にしかオブザーブしていないので細部までは分かりませんが、参加者アンケートは前向きな内容のものばかりだったので少しびっくりしたのです」

「私も実はかなり気持ちが揺さぶられたというのが実感です」

「沈着冷静な谷川さんが気持ちを揺さぶられたというのは珍しい。もう少しその話を聞きたいですね。どんな点ですか？」三本目の缶ビールを開けながら山口が促す。

「ひとつは『趣味』と『娯楽』の違いに気づかずにこの歳まで過ごしてしまったことですね。『娯楽』を『趣味』にまで高めなかったものが多いし、『特技』にまで深まらなかった『趣味』もまた多いのです。特に学生時代から好きだったスキーや山歩きを、社会人になってから忙しさを理由にやめてしまったことが悔やまれます。これは何に時間を投資するかという時間管理にもつながりますが、タイムマネジメントでいえば、山口さんもご存じのように、私は仕事の品質を落とさずに期限は確実に守ってきました。しかし、仕事を『重要度』と『急ぎ度』という切り口で考えたことはなかった。急ぐものが重要なことだとずっと勘違いしていたかもしれないのです」

「もし偏りがあったと気づいたのなら、よかったじゃないですか。これからはそういう目で自分の『娯楽』と『趣味』を眺めていけばよいのだから」

「それはそうですが、やはりちょっとショックでしたね。今日こちらに来て余計にそのことを感じました。山口さんは仕事も十二分にやりながら、楽しみのジャンルでも充実されている。リフレッシュができる場所と時間を意識して作ってもいらっしゃる。温泉めぐりなども羨ましい」

「いや、大したことはないですよ。ただ、『重要度』に費やす時間については、自分なりに考えてきました。二〇代の前半に葉隠を読んでから、死ぬということを意識し始めましたからね」

「葉隠《はがくれ》というと、『武士道《もののふ》は死ぬことなりと見つけたり』というあれですか？」

「そうです。葉隠を読んで以来、死ぬときに悔いを少なくしようと考えて生きるようになりました。私が何かをしたり、しなかったりするときの基準は、『死ぬときの悔いの少なさ』です。未来のことは分からないわけだから、『悔いのない人生』なんてあり得ないと思っています。だったら、それをどれだけ少なくすることができるか、または、後で悔いだと思わないような選択の仕方をしておきたい。これは谷川さんのいう『重要度』を重視する生き方かもしれませんね」

「そう、その通りです。しかし、山口さんが二〇代からそんなことを考えていたとは驚きです。私はその『重要度』という発想が弱かったというか、抜けていたというのがこのあいだのキャリアマネジメント・ワークショップで分かったのです。もっともそれは私だけではなくて、かなり多くの参加者がグループシェアのときに口にしていたから、全体の共通項だったのかもしれませんが」

「なるほどね。でもよい気づきでしたね。気がついたときに始めればよいわけだから、今からでも決して遅くはないですよ。これからはそのように行動すればよいのでは？」

「過ぎた時間はもう戻りませんから、それしかないですね。それから、もうひとつ『人脈』の話もあったんですよ。自分にとって人脈だと思う人を、ある基準にしたがって社内（職制上）、社内（職制外）、外部・勉強会、趣味などのいろんなジャンルに分類していくのですが、思ったほど名前が挙げられなかったのです。三〇年も会社にいてこれじゃだめだなと思ったわけです」

「それは選ぶ基準が厳しすぎるのかもしれないし、人事という仕事をやってきたから余計にそう思うのかもしれませんよ。評価に関する人事業務をやっている以上、社内の特定の人と親しくなるのは問題だという感覚を谷川さんも持っているでしょう。逆説的ですが、人事であることによって、社内人脈がつくりにくいともいえるのですよ」

「やはりそうですか、私もそう思いました。あの部長と飲みに行って、この部長とは行かないというわけにはいきませんから、等距離を保とうとすると結局、誰とも行かないのが無難ということになります。その点、山口さんは営業現場も長いから私とは違いますね」

「それはそうかもしれませんね。人事をやってるときには飲みに行けなくても、営業に移ってからは誰と行こうが勝手ですから。つきあいは増えましたよ。今度また人事を委嘱されたから少しややこしくなりましたがね。他にはどうですか？」

「もう一つ、スキルの洗い出しのところで職能分類についてしっかり把握できていなかったということもありましたね。それからマネジメント勉強会では、いかに人の話を聴けていなかったか、相手の状況に応じた対応ができていなかったかということも分かってきました。実は初めロールプレイを馬鹿にしていたのですがね。『ロールプレイでできないなら実際の部下との場面ではできっこない』という伊達さんの言葉はなかなか重たかったですよ。ただこれは私だけじゃなくて他の部長連中も同様らしかったので、少しは気が楽ですがね。しかしまあ、思い出すとまだまだ出てきそうで、嫌になりますよ、まったく」いままで滅多に人に言わなかった自分の弱みの部分を、なぜ自分は今日こんなにしゃべっているのだろうと思いながらも、谷川は話を続けていた。

谷川への期待

「ははは、いいじゃないですか、たくさん気づきがあったのなら。これからそれをプラスに変えていけばよいのだから」そう言いながら、山口は四本目のビールを谷川のグラスに注いでくれた。

「しかし山口さん、そうはおっしゃいますが、私はもう今年で五三歳、来年が私の次長任期が切れる役職定年の五四歳なんですよ。いまからと言われてもね」と谷川が軽く返した途端、さっきまでにこにこ笑っていた山口が急に顔の表情を引き締めて谷川に向き直った。

「何を言ってるんですか。谷川さんにはもうひとつ上の役職に上がってさらに大きな仕事をしてもらいたいのに、『上がりの人』が言うようなことを言ってもらっちゃ困るな」口調もやや厳しくなっている。谷川は驚いて山口の顔を見た。

「えっ？　もうひとつ上の役職？」

「そう。谷川さんには、私がいま進めている人事部改革をもっと確実なものにしてもらいたい。会社を変えるには社員に関わる人事部がアクティブになることが必要です。だからまず人事部改革なんですよ。**人事が変われば、会社は変わる。**矢澤さんが動いて今回の一連のワークショップを企画・実施してくれたおかげで、いま谷川さんが話してくれたように谷川さん自身も大きな影響を受けたわけだ。時間の使い方の話はマネジメント勉強会でもあったと思う。管理者が時間の使い方や部下とのコミュニケーションの仕方を変革して顧客志向になることが、会社勝ち残りの必須条件ですが、その基本的な部分を矢澤さんが一年かかってうまく軌道に乗せてくれたのですよ。この動きをさらに拡大していく役割をこれからは谷川さん、あなたに担ってもらわないといけない。谷川さんの次長任期はあと一年半もあるのだから、実績を残すには十分な期間でしょう」

山口にふいに強くそう言われて、谷川は思わず「実績を残すには十分な期間……」とつぶやいてしまった。そうだ、キャリアマネジメント・ワークショップの時にも、ファシリテータの榊原が労働残日数の話をしていた。あのとき、自分にはあと一万九六〇〇時間が残っていて、それで何ができるだろうかと確かに考えたのだ。しかし、その後の半年間、何も行動は起こさなかった。さっき温泉の入口でも任期切れになった後どうしようとは思ったが、いままでも何かをしようとはしてこなかった。つまり、いま山口が言ったような「実績を残す」という行動レベルではものを考えていなかった。そういう意味では、立場も年齢も仕事内容も違うが、矢澤久美子はたった一年のあいだに確実に行動レベルで実績を残している。現にこの自分が彼女の企画したワークショップに参加して大きく気持ちを揺さぶられた。何かをしなければならないという気に一時でもなったのだ。やるかどうかは自分次第ということも自分には分かっていたのに、結局、今まで何もしてこなかった。谷川は思わずため息をついた。

「まいったな、まったく。今までかなり自律的に生きてきたつもりなのですが、ここにきてどうも、個人としての自分も、職業人としての自分も、実は能動的ではなかったのかもしれないな、という気がしてきました」

「そういう気がしますか？」

「ええ、以前から山口さんに口癖のように言われていた、もっと現場に出かけて行って話を聴けということの意味が少し分かったような気がします。矢澤さんは結局、山口さんのおっしゃっていたことを入社以来いままで実践しているわけですな。それによって、労組との共催セミナーが実現したし、組合執行部に寄せられる管理職に対する苦情も減っている。それに私自身も自分の行動についていろいろと考えさせられている。言ってみれば一つの成果を出しているわけだ」

「彼女はもとから現場主義の人ですから、私の発言とは関係なく、あれが普段の行動スタイルなんだと思いますよ。あの感覚がナップスの人事部には必要だと判断して彼女を採用したのです。人事部にとっての『答え』も社内顧客の最前線にしかないはずです。だから経営戦略の中で人事部の存在価値を示すためにも、谷川さんには現場・現物主義でやってもらいたいと以前から思っていました。

ナップスも世の中の流れに乗って『成果主義』という制度を導入していますが、仕事の結果である『成果』のみで人を評価し、仕事のプロセスを充実させることを奨励しないような制度で、社員がよい成果を出し続けることができるとはどうしても思えない。なぜなら、ナップスが標榜しているソリューションビジネスでは現場の担当者が『何をなすべきか』を考えなければならないから。考えるというのは内発的動機を必要とするプロセスなのです。管理職は「部下が考える」ということを奨励し支援しなければならない。**考えるという複雑な行為は、気持ちや思いがないとできるものではないか**

ら、個人が自分自身や自分の仕事にコミットしている必要があるのです。そしてそれは制度や指示命令でできることではない。仕事をしている人々の納得感が必要不可欠なんです。こういったことは本来、谷川さんが言うように職場の管理職がやるべきことですが、職場の管理職の部下対応はまだまだうまくいっていないのが現状です。このあたりのことは、マネジメント勉強会に参加して谷川さん自身が体験したと思います。そうでしょう？」

「確かにそうでした。私に限らず部下の状況に応じた話の聴き方やアドバイスができていそうな部長・次長は少なかったようです。たいがい自分のワンパターンのスタイルで部下対応をしていることがロールプレイ後の全体シェアでよく分かりました」

「そうでしょう。練習の場面でできないということは、本番の職場ではまず間違いなくできていないはずです。状況に応じた部下対応ができなければ、部下の士気を上げることはできないわけで、組織としてモチベーションを高めることはほとんど無理ですよ。モチベーションを上げることができない組織で『よい成果』が出続けるわけがない。まずは社員の仕事プロセスをしっかりと押さえたうえで、『成果に向けて一枚岩になって動ける組織』づくりを進めなければならないのです。

これを全社的にベクトルを合わせスピードを上げながら推進できるのは人事部しかない。すでにこの一年間は矢澤さんが切り込み隊長の役割を担ってくれて、矢澤さんの言葉でいえば〈プロセス成果主義〉への動きを進めてくれています。今までのナップスにはなかった大きな変化を仕掛けてくれたと私は思っています。しかし、今後これを人材開発グループだけで動かしていくには限界がある。二年目に入った今からは、人事グループもいっしょになって人事部としてこの動きを確かなものにしていってもらいたいのです。そのためには、人事部の実務責任者である谷川さん、あなた自身が矢澤さんと同じようにまずは現場に出かけていって、そこの管理職を通して、または直接メンバーに働きかけて『プロセス重視を奨励する人事部』を実現していってもらいたいのです。うまく回り始めれば、そのあとは部下に引き継いで谷川さんは司令塔になればいい。『結果だけを見て人を評価する人事部』という結果至上主義の印象を払拭しない限り、各職場のチームが成果を出すために一丸となることにドライブをかけることなどできないでしょう。いまの人事部には組織維持の機能だけではなく、『人と組織の変革を担う経営機能』というとても重要な役割があるのですよ。谷川さんの力をぜひこの『人と組織の変革』に貸して欲しいのです。ナップスではマネジメント変革が始まっていますから、それに拍車をかけてさらに確固たるものにしていくには実務経験を裏づけにした谷川さんの行動力が必要なのです。谷川さんなら、きっとよい実績を残してくれると私は信じているのですがね」そう言いながら山口はビールを注ごうとしたが、六本のビールはすでに空になっている。おつまみのスルメや冷奴もなくなりチーズが少し残っているだけだった。そして、壁に掛かっているタヌキ鳥時計の針はいつの間にか午後十一時を回っていた。

「おや、もうこんな時間ですね。今夜は少ししゃべりすぎました。明日は五時起きでの蓼科山登山ですから、もうそろそろ寝ましょうか。人事部改革。頼みますよ、谷川さん」谷川の肩をポンとたたいて、山口は笑いながら二階に上がっていった。

谷川は一階の和室に敷かれている布団にもぐり込みながら、少し高揚している自分を感じた。次の役職の話を山口にされたからか、参加したワークショップを自分なりに総括してするべきことが見え始めたからか、矢澤久美子の仕事の仕方をあらためて振り返ってみてその行動力に触発されたからか、理由は定かではない。

しかし、職場外のこのような場所に誘われて山口に直接、期待感を語られたことが、自分の気持ちに大きな影響を与えたことだけは間違いなかった。これが前から山口が言っていた、現場に出かけていって人と直接話をすることによって引き出せる効果なのかもしれない。いま山口はここで自らその効果を谷川に対して実践してみせ、谷川は実感させられたのだ。今年になって矢澤が使いはじめた〈プロセス成果主義〉という言葉を山口も使っていた。それは上司が「考えるという部下の仕事プロセス」に関わって、部下の気持ちを成果創出に向けさせ、人事部はその上司をサポートして組織全体を成果志向に振り向ける、ということなのだろう。

考えてみると、今まで人からこのように期待感を示されたことはなかった。そもそも会社には仕事をするために来ているのだから、期待を表明されないと仕事ができないなんていうのは子供の言うことだと思っていた。しかし実際、今日のように山歩きに誘われ、さっきのような話をされると文句なく嬉しい。自分に対する期待感を直接に、しかも押し付けがましくなく語られると、自分の中からエネルギーが湧いてくるような気がするから不思議だ。これはキャリアマネジメント・ワークショップのとき、聞いてくれている人に対して、自分小史に基づいて自分語りをしたときの満足感とも似ている。いわゆる「エンパワメント」というやつなのかもしれない。

布団に入ってそんなことを考えていると、明日の山口との蓼科山登山がとても楽しみになってくると同時に、早く東京に戻って何かをしたいという、相反する二つの気持ちが湧いていることに谷川は気づいた。「個人の楽しみ」と「よい仕事」の両立、それはとりもなおさず、「個人としての自分」と「職業人としての自分」のバランスの良い折り合いに他ならない。

その二つの両立によって生きている充実感が得られるのです、とキャリアマネジメント・ワークショップで榊原が語っていた言葉が、ふとよみがえり、そのままワークショップの状況をしばらく思い返しているうちに急に睡魔がおそってきた。ほどよい運転疲れに温泉の癒しとビールの酔いが重なったからだろう。薄れていく意識の中で「バランス」という言葉がこだましていた。

第7章　谷川人事部次長の変化

矢澤への相談

「矢澤さん、いま時間あるかな？　ちょっと聞きたいことがあるんだが」自席でパソコンに向かっていた矢澤に谷川が声をかけてきた。谷川が週末、山口と蓼科山に登ってきたことは、お土産のお菓子を配った女性社員のささやきによって〈日本橋〉の五階フロアに知れ渡っていた。

「はい、だいじょうぶです」と応えながら矢澤が立ち上がるのを見て、谷川は応接室の札を「使用中」にスライドさせた。

「谷川次長、信州のお菓子ごちそうさまでした。あの『白樺の樹』、実は私、大好きなんです。さっそく食べちゃいました」

「ああ、そう。山口さんが勧めてくれたので買ってみたんだが、うまければ何よりだ」

「山口取締役と蓼科登山に行かれたとお聞きしましたが、いかがでしたか？　この季節、きっと気持ちいいでしょうね」

「ああ、天候が安定していたのでよかった。リフレッシュするには、あの景色と空気が最高だな。私も昔はよく山歩きに行ったものだが、最近はとんと行けてなかったので、久しぶりに昔の感覚を思い出したよ」

「それはよかったですね。山口取締役の山小屋にも行かれたんですよね。いいですねー、信州に山小屋をお持ちだなんて。私もお邪魔したいな」と応えながら、なんだか今日は谷川の機嫌がよさそうだと矢澤は思った。山登りをしてストレス解消ができたのかもしれない。

「うん、なかなかいいところだった。私も知らなかったが、山口さんはカクテルのシェーカーまで持ってるんだな。初日は地ビールだったが、蓼科登山をした二日目は自分でシェーカーを振っていろいろなカクテルを作ってくれた。小型のリキュールを何種類も備えていたのには驚いた」

「山口取締役はご自身でシェーカーまで振られるのですね。でも、谷川次長はお付き合いが長いから、そういったこともご存じだったのでしょう?」

「いや、それが知らなかったんだ。ゴルフとカメラと山歩きまでは知ってたんだが、先週はじめて、温泉めぐりや果実酒づくりまでやっておられることが分かった。キャリアマネジメント・ワークショップのときにも気がついたのだが、山小屋に行ってさらにそのことがはっきりしたよ」

「キャリアマネジメント・ワークショップでの気づきといわれますと?」

「二日目の朝に自分小史に基づいて自分を語るセッションがあっただろう、あのときだ。知ってるつもりだった同僚の語りのなかに、はじめて聞く話がたくさん出てきた。長年人事をやってきて社員のことは何でも知ってるつもりだったんだがな……。それで、今度は山口さんのシェーカーや温泉めぐりや果実酒づくりだ。山口さんが以前からよく言っていた『現場に出かけていって、人の話を直接よく聴きなさい』ということの意味が分かったような気がしたということだ」谷川はやはり今日は機嫌がいい。山口との山歩きで何かよいことがあったのかもしれないと、矢澤は思った。

「そうでしたか。それにしても、谷川次長はさすがですね」

「何がさすがなんだ？」

「休暇で山登りに行かれても、仕事に関連づけてものを見ていらっしゃるところですよ」

「いやなに、ワークショップで自己分析をしてから少し考えるようになっただけだ」

「ということは、参加してよかったと思える点があったのですか？」谷川のほうからワークショップの話題に触れてくるのは今日が初めてだ、と思いながら矢澤は質問をしてみる。

「ああ、いくつかあったな。初めは何をさせるつもりなんだと思ったのだが」

「気づきやよかった点があったというお話をお伺いできると、お役に立てている感じがして嬉しいです」

傾聴の難しさと重要性

「時間をとってもらったのはそれにも関係するんだが、ちょっと相談したいと思って」

「私にご相談いただけるなんてうれしいです。どんなことでしょうか？」矢澤は思わず顔がほころんでくるのが自分でも分かる。

「二つあるんだ。一つはマネジメント勉強会であった話の聴き方についてだ。あんたもあのときオブザーブしていたから知ってるとは思うが、話を聴くというのがどうもうまくできなくてな。自分ではできているつもりだったのだが、いざロールプレイをやってみると、『口で訊いて意見を言う』といううきき方が癖になっていることに気がついた」

「確かあのとき、お二人とも上司役になると評価的な意見を言う傾向があって、部下役のときは逆に評価的なことを言われると相談しづらくなるとフィードバックされていましたよね」

「そう。それであれからいろいろと考えていたんだが、先週、蓼科山を登りながら山口さんとした会話が気になってな。山口さんが言うには、自分も元はと言えば人の話を聴かないほうだったというんだが、あんたどう思う?」

「えっ? それはびっくりです。あんなに傾聴がお上手なのに」

「やっぱりそう思うか? 勉強会のあと、注意してあの人のやりとりを見ていたんだが、相手の話を実によく聴いているんだ。だから、もともとそうではなかったという話は意外だった」

「何か変化されるきっかけでもあったのでしょうか?」

「私もそれが気になったので訊いてみたら、やはりあったんだそうな。山口さんは新卒技術者として入社して数年間、生産技術革新要員として生産現場に配置されていたんだ。つまり、KKD（経験と勘と度胸）の熟練技能者の職場に、プロセス制御系のコンピュータを導入して生産効率を高めようという会社側の自動化戦略の要員として配属されたわけだ。職場にいる熟練者からすれば、若造がラインを機械化して自分たちから仕事を取り上げてしまうように見えるわけだから、いわば職場の敵だわな。それに技術者で理詰めの話し方をするから余計に腹が立つというわけで、生返事はしても誰も相手にしてくれなくなったというんだ。要は配属早々に現場で浮いたんだな。それでどうしようかと悩んで対人関係の本を読みあさったり、人に相談したりした末にたどり着いたのが『相手の話を傾聴する』『そして質問する』ということだったらしい。つまり、会社側のコンピュータ化要員としてKKDの職場に行ったのでは、熟練者からは敵としか見なされない。それなら思い切って発想を転換させて、現場で熟練者が困っていることを聞き出して、それをコンピュータを使って一つでも二つでも解決してやれば信頼を得られるのではないか、存在価値を認められるのではないかと考えたというんだ」

「二〇歳代の前半なのによくお考えになったものですね」と応えながら、こんなによく話をしてくれる谷川は初めてだと矢澤は思った。きっと山口の話に相当大きな刺激を受けたのだろう。

「あの人はなかなかえらいわ。山口さんがやったのは、趣味、仕事、家族など何でもいいからきっかけを見つけて相手の懐に入り込むということだったらしい。徹底的に仲間になるということだな。そのためにまず相手が言っていることや相手の気持ちを『聴く』ということを現場で毎日心掛けたのだそうだ。その当時は、会社で傾聴や質問のセミナーなんてやってないから、実際の仕事現場で、その『傾聴』や『質問』を自分で工夫しながら体得していったんだそうな」

「そうだったのですか。それで山口取締役の話の聴き方は深いのですね。初めてお会いしたときに、役職とか年齢とか性別に関係なく人と対等に接して、よく話を聴いて気持ちを汲もうとされる方だと思いましたし、現場の人の知恵を生かそうとする現場型の方だという印象もありましたが、それはお若いときにそういうご苦労をされていたからなのですね」

「そういうことらしいな。山口さんが『現場に出かけていってよく話を聴いて』と前から言っていた背景と意味が理解できた気がする。あんたが企画したワークショップに加えて、山口さんの話を聞いて、私も聴き方というのをもう少し深めてみたいという気になってきてな。ただ、私はもう五〇歳を過ぎている。二〇代のときの山口さんと違って残されている時間が少ないから、現場で考えながらというだけでは具合が悪い。何か促成ではないにしても、早く効果の上がるような聴き方のトレーニング方法があればやってみたいと思ったのだが、私くらいの年代の者でも違和感なくやれそうなものはないだろうか。これが一つ目の相談だ。気が変わらないうちに始めておきたいのだが、あんた何か知らないか？」

「谷川次長、そのお考え、すばらしいじゃないですか。すごーい!!」

矢澤は自分が企画したワークショップが役に立っている実感に加えて、山口の思いと行動力に感動した。自分の若い頃の苦い失敗体験を聞かせてまで谷川の気持ちに火をつけようとしたのだ。人はいくつになってもメンターを必要とすると聞いたことがある。谷川の向上意欲に火をつけたのは間違いなく山口だ。谷川が意識しているかどうかは分からないが、山口は確実に谷川にとってメンターの役割を果たしている。たまたま山歩きをしていたときに山口の若い頃の話になったと谷川は言ったが、もしかすると山口ははじめからそのつもりで谷川を山小屋に誘ったのかもしれない。いや、きっとそうに違いない。

採用面接のときに山口は、現場志向性さえ強くすることができれば谷川次長はとてもいい仕事をする人物なのだと言っていた。人事の実務責任者である彼を現場志向にシフトすることによって人事部を静態的な計画型からアクティブな現場支援型に改革し、現場のマネジメントに介入することを通して成果志向の会社風土に変革していきたい。ついては新設する人材開発グループの動きが要になるので、ぜひ矢澤さんに来てもらいたいということだった。二つのワークショップで気持ちが少し揺らいでいるタイミングを見計らって谷川を山歩きに誘い、一気に気持ちにドライブをかけたに違いない。

環境条件さえ整えば、谷川のような中高年男性でも十分に変わることができる。彼らは実績と過去の成功体験があり、自分に自信を持っているがゆえに変わりにくい状態になっているだけなのだ。だから、思いを伝え、環境条件を整えてやれるメンターの存在は欠かせない要素だと思う。谷川の話を聞きながら、矢澤は背中がゾクゾクするほど嬉しくなるのを感じていたが、そんな矢澤の気持ちは知らず、谷川は話を続けた。

「いや、大したことはない。また気が変わるかもしれんしな。山口さんと話しているうちにキャリアマネジメント・ワークショップで気になったいくつかの点とマネジメント勉強会でうまくできなかった『傾聴』とが少し結びついてきたということだ」

「キャリアマネジメント・ワークショップで気になった点とは他にどのようなことですか？」

「榊原さんが問いかけていた『残された労働日数で、あなたらしい仕事をあといくつしますか？』というようなことだな。『あなたらしい仕事』というところが心に残った。今までやってきた仕事のなかで、もうひと工夫すればさらに自分らしさを出せて納得感を感じられるものがあったんじゃないかと。二つ目の相談がそれに関係するんだが、早期退職優遇制度についてだ。あんたのような現場に出かけて行くスタイルを早期退職優遇制度の導入に適用したとすると、どんなことができたのかということだ。東京に戻ったらあんたに聞いてみようと蓼科山の山頂で思いついたんだ」

「蓼科山の頂上で景色を見ながら早期退職優遇制度について考えられたのですか⁉」目を丸くして矢澤が聞いた。

「そういうことだ」いちいちそんなことを聞くなというように谷川は少し照れた表情をした。

「そういえば、去年実施したキーパーソン・インタビューは早期退職優遇制度の推進策ではないかと労組の中で話題になっていたようですね。確か、初回の応募者がゼロだったとか」

「まあな。いろいろ事情があってあんなふうになったんだが」

「ナップスの早期退職優遇制度はスパイスを加えれば十分に機能すると思っていますが、まず一つ目の聴き方トレーニングから思いついたことをお話しますね。谷川次長は人事のベテランで実務のご経験が多いわけですから、単なる聴き方トレーニングではもったいないと思います。現場で社員に関わるわけですから、やはり『キャリア（仕事を中心課題に据えた生き方）』を扱うキャリアカウンセラーの養成コースがよいと思います。人材開発の場合もそうですけど、谷川次長の場合は全社的に人事制度を構築したり運用したりされるわけですから、その近道として社員の皆さんと同じ目線で対話をすることが必要ですよね。そういったものであれば、山口取締役のおっしゃる現場支援型人事にもつながりますし」

「私は別にカウンセラーになりたいわけじゃないんだ」

「名称は幅広く対応できるようにキャリアカウンセラーとなっていますが、社内で行う場合はいい仕事をする社員を増やすキャリアアドバイザーと言っても差し支えありません。資格をとることを目的にせず、自己学習として参加されてもいいと思います。キャリアマネジメント・ワークショップの運営をお願いした榊原さんのやっているＣＤＡコースがもっとも実践的・実務的で実績もあるようですよ」

「確かに、榊原さんの運営方法は違和感がなかった。この歳になって、今までうちの会社でやっていた研修のように上から下に教え込まれるやり方は嫌だからな」

「ナップスではそういう研修のやり方をしてきたみたいですね。それだと受講者から嫌がられるかもしれません。谷川次長ご自身が嫌だとおっしゃっているくらいですからね」

「まあ、そうだな」谷川は苦笑いをしている。

「ＣＤＡコースはその点どの先生でも大丈夫だと思いますが、もし気になるようでしたら、申し込みのときに榊原さんを指名してみたらどうでしょうか。だめかもしれませんが、空きがあれば優先してもらえるかもしれませんよ」

「なるほど。じゃあ、日程を聞いてからどうするか決めることにするかな。どうもありがとう」

人差し指で縁なしメガネの中央を押し上げるクセは一年前と変わらないが、今日は笑顔でお礼まで言ってくれた。初対面のときに感じた通り、少しにっこりするだけでとても感じがよくなるのだが、谷川にかぎらず、世の中にはそれが分かっていない中高年男性が多すぎると矢澤は思う。

早期退職優遇制度のソフトランディング

「二つ目が早期退職優遇制度ですね。ナップスではどのような形で導入されたのですか?」

「どのような形って、割り増し退職金ができるだけ個人にとって有利で、しかも会社にとって不具合が出ないように慎重に設計をしてだな、大手の再就職支援会社にあたりをつけて必要に応じて再就職の相談ができるような段取りもしたうえで導入した」

「フォローつきの手厚い制度設計なのですね。ところで、広報はどのようにされたのですか?」

「広報? 導入時期がちょうど一月だったから、まずは新年号の社内報で制度の解説文を載せて、イントラネットでも全社に告知した。部門長には職場会議のなかで伝達してもらうように依頼して、募集時期の月末には各職場に回覧を回して締め切りを再度、知らせるようにもした」これ以上することはないだろうというように、谷川がまたにこりともせずに言った。あぁ、また元の無表情に戻っちゃったと矢澤は思う。

「そうですか。部門長による職場会議での伝達ということですが、事前に説明するときのマインドとかニュアンスのすり合わせなどの勉強会はされましたか?」

「やってない。そんなことは部門長が自分の見識でやるべきことだろう」

「説明者のマインドとかニュアンスにズレがなければよいのですが、早期退職優遇制度は組織の出口が暗示され、個人のキャリアにも大きな影響を及ぼします(図表5参照→八三ページ)。終身雇用を標榜してきたナップスにとっては微妙な問題をはらんだ制度ですよね。組織の各部門長が情報伝達をする場合、制度の中味についてはマニュアルを作っておけば問題なく説明できるでしょうけれど、この制度導入の背景やなぜこの時期なのか、社員に訴えたいことは何か、経営の思いや心がどこにあってこの制度を導入するのか、といった抽象性の高いメッセージをどのような言葉で語りかけるかということはとても重要になります。説明者間でマインドや使う言葉のすり合わせをしておかないと、質問が出たとき回答者によってニュアンスに違いが出て疑心暗鬼を生みます。そうなるとあっという間にインフォーマルなネガティブ情報が社内を飛び交って仕事どころではなくなります。早期退職優遇制度の導入がうまくいかない事例として、そういったことは多いようです。それから、職場説明会などは制度対象者全員に向けて実施しないと、似たような混乱が起きるようです」

矢澤はＣＤＡコースで、榊原が「余分の話ですが」と断って話してくれた事例を思い出しながら、早期退職優遇制度の導入の際に外してはならないポイントを谷川に説明した。

「うーん……、そういうすり合わせはやってないな」

「それでは、制度導入までの間に、キャリアの考え方や自分のキャリアを分析する手法についてのＰＲはどのようにされました？　対象者の方全員に対してそれをやっておくと早期退職優遇制度の積極的な意味が伝わりやすくなります。いかがですか？」

「いや、やっていない」

「では、個別面接はいかがですか？　もちろんこれも制度対象者全員に対して行うべきものです。個別面接については、職場説明会のときと同様に、①この制度の導入の背景と経営における意味、②制度そのものの内容と制度を利用した場合の個別の条件を示したあとに、もうひとつ③その後のキャリア相談の実施が重要になるかと思います」

「山口さんも、個別に面接するとか何とかしてこの制度をもっと積極的に進めたらどうだと言ってはいたが、希望退職じゃないんだからそこまでは必要なかろうと思ってやってない」

「個別面接はキャリアの考え方をきっちり伝えるにはもってこいの場面です。制度対象の方々に対して説明会を実施したうえでキャリアに関するワークショップにご参加いただき、その後、個別面接をするという順序を踏んでおくと、制度の意味や経営側が考えていることが伝わりやすくなって、個人はうまく制度に乗っていけるようになると思います。

それからもうひとつ、相談しやすい雰囲気の演出と守秘義務との問題から、こういった相談ごとを人事部として受けるか、または別部署を設けて人事部とは切り離して行うかも検討事項でしょうね。私自身は担当した経験がないのですが、お金と時間の余裕がある限りこういった手順を踏んでおくと、会社と個人がwin-winの関係になれるのでよいのだと榊原さんがおっしゃっていました。また社員が会社を辞めたあともその人が外部で活躍できるように配慮し、ファンのままでいてくれる状態を演出することも人事部の大きな役目だとおっしゃっていました」

ファンづくりという人事部のミッションについて矢澤はまったく同感だったので、榊原のその話は特によく覚えていた。

若手社員の流出防止策

谷川は矢澤の話を聞いて考え込んでいたが、しばらくしてから「そう言われても個別面接は手間がかかるからなあ、人事だけでは対応できんわな」と、つぶやくように言った。

「そうです。部門長や事業所長に依頼するにしても、説明会以上に微妙な問題が出ることがありますから、慎重なマインドのすり合わせが必要なのです。会社によっては戦略的な早期退職優遇制度やオープンジョブチャレンジ（＝手を挙げて他の部署に応募する）制度などとセットで、というよりもそういった人事制度を効果的に運用するために、社内でキャリアアドバイザーを積極的に養成して配置しはじめている企業もあるようです。一種のリテンション（＝退職の引き留め）施策ですね。ある大手メーカーの人事部の方にお聞きしたところでは、一〇数箇所ある事業所にキャリアアドバイザーを一人ずつ配置しているとのことでした。そうしておくと、基本的なマインドが揃っていますから問題は出にくいようです。いわゆる戦略的な社内キャリアカウンセリング制度ですよね」

「実際にそんなことをやっている会社があるのかね。いくらキャリアアドバイザーだといったって、人事部の人間がやっていたのでは社員は嫌がって相談になど来ないだろう」

「そうですね。それは会社の風土によるみたいですが、キャリアアドバイザーを置いている多くの企業では、人事部とは別組織をつくってそこでキャリアアドバイスを行っているようです。ただ、さっき申し上げた会社では人事部所属のままにしているとのことでした。また、社内キャリアアドバイザーのほかに外部にも委託して、相談のときに社員が社内・外どちらのキャリアアドバイザーでも選べるようにしている会社もあるそうです。榊原さんも業務委託を受けているとおっしゃってました」

「外部委託なら分かるが、人事部でそれをやるというのは、よほど社員と仲良くやってる人事部なんだろうな」

「そうかもしれませんね、社員からの信頼が相当厚いのかも。ナップスではどうなんですか？　人事部内にキャリアアドバイス機能を持たせたとして、社員は相談に来ると思われますか？」

「人事部に相談に来るかって？　研修さえ嫌がって来ないのに、個人相談などには来んだろうよ」

「ということは、ナップスの人事部は社員に対して信頼感が薄いということですか？」

「……そんなことはないだろうが……だいたい人事部というのはどこの会社でも親しみにくい性質を持っているもんだ。社員のためにいろいろやっていても報われない因果な部署だな。このフロアにもわざわざ社員が相談をしにやって来るようなことはない……」

と言いかけて、谷川は今年になって人材開発グループの島に訪ねてきては話し込んでいく若手社員や管理職が増えてきていることを思い出して口をつぐんだ。

「谷川次長、社員はなぜここに立ち寄りたくないのでしょうか？」

「そんなことを直接、聞いたことはないから分からんが、まあ近づきにくいんだろう」

「でもこの春以来、人材開発グループにはいろんな人が訪ねてくるようになりましたよ。そのほとんどは、二つのワークショップに参加した管理職、労組と共催事業のキャリアマネジメント・ワークショップの参加者です。彼らは確かに、この〈日本橋〉の五階フロアには近づきたくなかったそうですが、ワークショップに参加したあと、部下指導の仕方や自分のキャリアの生かし方について相談したいということで立ち寄ってくれるようになりました。そのなかで早期退職優遇制度の内容についての質問をする方については人事グループにお連れして回答してもらっているわけです。以前よりは〈日本橋〉を身近に感じてくれるようになったのでしょうね」

「確かに、春以降、早期退職優遇制度についての問い合わせが増えてきた気はするが、ワークショップと関係があるのか？」

「直接の因果関係は分かりませんが、ワークショップの中でもその質問が出ることはありますし、人事グループにお連れしている質問者はほとんど全員がその参加者ですよ。そういう意味では、榊原さんが言っていた先ほどのポイントを押さえることが早期退職優遇制度をソフトランディングさせる手順になることは間違いないと思います」

「うーん、ワークショップで考えるきっかけがあって、ここに来てあんたにキャリアアドバイスをしてもらうと早期退職優遇制度も身近に感じられるようになるということか。すると今やっているようなことをしたうえで制度導入をしていれば、応募者はゼロにならなかったということか？」

「断言はできませんが、背景と内容についての理解が進むのは間違いありませんから、制度利用についての意思ははっきりしてくるでしょうね。そもそも谷川次長が導入された早期退職優遇制度は、何も社員を無理に外に出そうという会社の都合だけのアウトプレースメント（外的再配置）ではないのですから、もっと社員にピーアールしてwin-winになるように制度運営をすることは可能だと思います。きっと社員にとっての有効なキャリア形成策になるはずです。

制度を利用するかしないかは個々の社員が決めなければならないにもかかわらず、判断できるだけの情報が社員に届いていないので応募者もゼロになっている。それが労組幹部、職場キーパーソン、そしてキャリアマネジメント・ワークショップ参加者との会話から得た私の印象です。情報が少なければ、習慣化されていない『キャリアを考える』ということなど、わざわざしないと思います。ですからキャリア情報が得られるワークショップ後に個別相談や質問が増えるのは自然なことかもしれません。ナップスの早期退職優遇制度は募集が年一回ですから次回の募集までにそれなりの情報提供をすれば、社員にも会社にもプラスになる結果が出ると私は思います。現に定年退職後の数名の技術者とはネットワークができてお互いに仕事情報を共有できているわけですから、それを戦略的に広げていく施策になるはずです。その効果を出すためには、谷川次長もキャリアアドバイスの一端を何らかの形で担われることが近道ではないでしょうか？　自分のキャリアを考えるということは会社で良い仕事をし続けるための前提条件です。決してネガティブな話ではないはずです」

「確かにそうなんだ。タイミングさえ合えば満足度高く利用してくれるはずだ」

「谷川次長はやはりキャリアカウンセリングのコースに参加されるのがよいと思います。キャリア相談のスキルをお持ちになっていれば、ご自身でキャリアアドバイスをされるかどうかは別にして、『成果志向』の社内異動制度などもうまく実現できるかもしれませんよ。自分らしい仕事にチャレンジするための社内異動は、若手社員のリテンションのための重要な施策ですから」

「それはどういうことだ？」

「当社と同じくらいの規模のメーカーでこのあいだ聞いた話ですが、社内CDAと契約キャリアカウンセラーとで分担して社員のキャリア相談を受けているそうです。そして、昨年は社内異動総人数の一二％程度が事前にこのキャリア相談というフィルターを通っていたとのことでした。その二割近くが社外流出の可能性のある若手社員だったらしいですが、キャリアアドバイスの成果なのか、ほとんどの人たちは社内に残って流出はしなかったといいます。

つまり、キャリアアドバイス機能は社内のジョブチャレンジに効果を上げているだけではなく、人材の社外流出を抑制する効果もあるようです。キャリアカウンセリング制度は個人が『仕事をし続けるときに有用な相談場面』というだけに止まらず、会社として必要な人的資源を確保し有効に活用するためにも効果が高いものだと思います。個々の上司の抵抗はあるかもしれませんが、優秀人材の社外流出を防ぐことは人事部としての課題ですし、〈燃える集団〉を目指している経営にとっても重要なテーマです。キーパーソンへのインタビューでも、若手社員のリテンション（＝退職の引き留め）は大きな課題だというのが共通の認識でした。個々人が、自分の仕事や働き方を決めるプロセスに関わることは、仕事のモチベーションを向上させる重要な要件です。プロセスへの効力感があってはじめて、私たちは成果評価にもコミットできるようになります。当社に導入されている『成果主義』をもっとうまく機能させるためには、個々人の仕事プロセスをクローズアップしてモチベーションを上げる〈プロセス成果主義〉とでもいう考え方が必要だと思っています。そのためにもぜひ、谷川次長にもキャリアカウンセリングのスキルを修得していただいて、人事部全体が社員の仕事プロセスに直接・間接に目を向ける体制になれればよいなと思っているんです。内容を分かった方が責任者をしているのとそうでないのとでは大違いですから。私はそんなふうに考えているのですが、谷川次長はいかがですか？」と、そこまでしゃべってから、矢澤は一呼吸おいてにっこり笑いかけてみた。谷川は腕組みをして考え込んでいたが、しばらくして何度か小さく頷いて、メガネの中央を人差し指で押し上げながら笑顔を見せて言った。

「なるほどな。私のような仕事の場合、キャリアカウンセラー養成コースに参加して学習するのは、単に聴き方トレーニングの効用だけではなくて、山口さんが言うような現場志向の仕事成果にも結びつくし、人事制度の効果的な運用にもプラスになるというわけだな」

「ええ、そのように思うのですが、こんなご説明でお役に立てたでしょうか？」

「ああ、完全には理解できないが、しかしまあ、この一年フットワークよく動いて現場の動きを出してくれたあんたがそう言うのだったら、思い切ってやってみてもいいかもしれんな」谷川が立ち上がりながら言ったその言葉を聞き、矢澤はとても嬉しくなって思わず叫んでしまった。

「やったー、それでこそ谷川次長ですよ。ナップスはこれから大きく変わりますよ!!」

「こら、大きな声を出すな、ここは応接室だぞ。それにまだやると決めたとは言ってない」口ではたしなめるように言いながら、谷川も声を出して笑っていた。

応接室から出てきた谷川を近くの席の社員たちは不思議そうに眺めていた。この五階のフロアで谷川次長が声を出して笑っているのを見たのは初めてのことだったのだ。

CDAコースへの参加

その後、四カ月ほどの間に谷川はCDAコースに参加し、一次、二次の試験を受けて合格までしてしまった。谷川は矢澤に相談したその日のうちに榊原に問い合わせをし、ちょうどスタートしかけていた東京のコースに滑り込んだらしい。いくつかあるキャリアカウンセラー養成コースのうちで、C

ＤＡコースは人気が高く定員オーバーになることが多いのだが、たまたま榊原が担当するコースで空きが出たらしく、タイミングよく入れてもらえることになったのだという。

コースに通い始めてからは、谷川が〈日本橋〉にいる時間が減り、ホワイトボードの動静表には各地の支社・事業所の名前が書き込まれることが多くなった。メンバーによると各地の職場にヒアリングやミーティングに出かけているとのことだった。そして〈日本橋〉の五階に在社しているときには、自分の意見をできるだけ言わずに部下の話を聴き、それから質問をして部下に考えさせようとする谷川次長の姿が見られるようになった。もっとも、部下の話がまとまっていない場合などは、部下から話を引き出す前に自分の意見を長々と話してしまうことがまだまだ多く、そんなときにはあとで矢澤のところにふらっとやってきて、「また説教ＣＤＡをやってしまったわ。部下の話を聴くのは難しいな。それでも、五回に一回くらいはちゃんと傾聴できるようにはなったんだぞ」と小声で言っては、苦笑いしながら戻っていくのだった。

マネジメント勉強会でのテーマであった「傾聴と質問によるマネジメントスタイルへの転換」を谷川自身が実践しはじめたことによって、人事部の雰囲気は徐々にではあるが確実に変わりはじめていた。事細かに指示されることに慣れていた人事グループのメンバーは初め戸惑いがあるようだったが、傾聴と質問が繰り返されるうちに自分の考えを求められることにも少しずつ慣れてきて、静かだった人事グループの島からもメンバーが谷川に話しかける声が時折聞こえるようになってきた。それにつれて〈日本橋〉の五階フロアの雰囲気は矢澤久美子が入社した一年半前とは違ってずいぶん和やかになり、部長の大きな怒鳴り声が聞こえる法務グループが違った意味で浮く存在になりつつあった。

キャリア採用面接の質的向上

ナップスでは人事グループがキャリア採用の窓口を担当しているのだが、人材紹介会社から紹介された候補者への対応にも変化が出てきたようだった。昨年、矢澤は谷川が行う面接に立ち会う機会があったのだが、そのときはまるで裁判所の人定質問のように候補者の仕事実績を確認するやり取りが続いた。矢澤はそれなりにフォローする質問をしたり励ましの言葉をかけたりしたのだが、残念ながらその応募者は面接終了直後に人材紹介会社を通して辞退を申し出てきた。

谷川としてはナップスに欲しい人物だったので事実の確認をきちんとした、ということなのだが、紹介会社によると、まるで学生を相手にするような一方的な面接に候補者は嫌気がさして、〈日本橋〉のビルを出たところからすぐに辞退の電話を入れてきたのだという。

それなりの技術実績を残してきたと自負する三四歳の社会人が、キャリア採用の面接で新卒学生並みに扱われたという印象を持ってしまうと、嫌気がさして辞退してしまうケースが多いことを、人材ビジネス業界にいた矢澤は知っている。担当の人材コンサルタントにこっそり聞いてみたところ、ナップスでは今までにも似たような辞退ケースがあったという。キーパーソン・インタビューで問題を発掘しはじめていた矢澤は、これが自分の意見を出しはじめる若手第二期社員に指示命令型や説得型で対応し、退職に拍車をかけてしまうマネジメントスタイルの問題点と共通していることに気がついた。

キャリア採用という評価面接の場面で、純粋なキャリアカウンセリングをするわけにはいかないが、採用担当者がキャリア支援やコーチングのマインドと技能を持って候補者を面接することができるならば、候補者のモチベーションを上げて内定受諾にこぎつける確率を高めることができるのだ。新卒学生の採用でもそうだが、特にキャリア採用において人材コンサルタントが連れてくる若手技術者の多くは、ナップスを第一希望に考えているとは限らない。人材が流動化している今日、多くの競合企業が水面下でスカウト合戦を繰り広げており、重複して複数の企業を受けるのが常識なのだ。ナップスから見て、欲しい若手技術者の多くはナップスを第二・第三希望にしていると考えていたほうが無難だ。そんな中で彼らを獲得するには、まずナップスを第二・第三希望から第一希望に転換させなくてはならないのに、「採用してやる」という上から見るような態度で候補者と接していては好ましい人材を逃がしてしまうことになる。人材コンサルタントも支援してはくれるが、候補者をその気にさせるのはあくまでも採用担当者である。採用担当者にその才覚がなければ候補者の気持ちを第二・第三希望から第一希望に転換させることは難しい。

そして候補者に対してのこの関わり方は、部下に関わって目的意識や仕事の意味性、そしてモチベーションを高める組織内マネジメントに通じており、若手第二期のリテンションと大いに共通性がある。つまり、「組織への入口」での採用スキルと「組織での滞在＝定着」に影響を与えるマネジメントスキルは共通しているのだ。ナップスでは各部署で若手技術者の退職が大きな問題として浮上しているわけだが、昨年たまたま見た谷川のキャリア採用面接のやり方は、若手社員に辞められるマネジャーの典型的なスタイルと言っても過言ではなかった。

それがここにきて変わってきた。矢澤がキャリア採用の面接を終えた三〇歳すぎの候補者に〈日本橋〉の五階フロアを案内する機会があったので、ナップスの印象を聞いてみたところ、彼はおおよそ次のようなことを語ってくれた。このときの面接者は谷川ひとりだった。

「面接してもらった男性の印象がよかった。会社の説明をしてくれたあとで、ナップスについてどんな印象を持ったかを話す機会をくれた。やや否定的なことも含めて思ったことを言ったのだが、その男性は頷いたり相づちを打ったりして自分の言うことをよく聞いてくれたので、気持ちを素直にしゃべることができた。自分の持ち味や考え方について質問をしてくれたりもしたが、他社のように露骨に評価するような言い方はしなかった。また、技術者であってもナップスで仕事をするなら顧客とのコミュニケーション能力がかなり要求されるが、その点はどうか？といった現実的な課題もきちんと提示してくれたので誠実さを感じた。それに、ナップスでは、まだまだマネジメントスタイルに旧来型の上意下達的な部分が残っており、威圧的な感じを与える上司がいるかもしれないが、本人に悪気はないし会社としても問題意識を持ってトレーニングなど改善努力中である、というややネガティブな社内情報まで話してもらえた。不思議なもので、パンフレットには載っていない社内のそういった問題点を面接の場で話してもらえると、自分のことを大切に扱ってくれているという気がして、かえって信頼感が高まってきた。正直に言うと、今日ここに来るまでナップスは自分の中では第一希望ではなかったのだが、今日の面接を受けて第一希望にしたいという気持ちになってきた」

その話を聞いて、矢澤は谷川の変化を確信することができた。谷川のその発言は、たとえネガティブな情報であっても応募者に対しては事前に現実的な仕事情報を提供することが大切だということを知っていればこそできる行為だ。これはアメリカの産業組織心理学者であるジョン・ワナウスが提唱したＲＪＰ（Realistic Job Preview　現実的な仕事情報の事前提供）と呼ばれるものだ。谷川がＲＪＰという言葉を知っているかどうかは分からないが、この会話はキャリアカウンセラーとしてのマインドがあるということを明確に示している。採用面接ではあっても、お互いにwin-winの関係を築くための会話がなされているのだ。この「組織への入口」での採用スキルは、「組織での滞在（＝定着）」におけるマネジメントスキルに通じるもので、山口がいう〈燃える集団〉づくりには欠かせないスタンスなのだ。

ナップスとしては、新卒採用と並んで技術者のキャリア採用も重視しており、そのため「組織への入口」にあたる採用場面を充実させて優秀な技術者を取り込むことが人事部の重要なミッションとなっている。そして、採用した人材をさらにブラッシュアップしながら、ソリューションビジネスの最前線で顧客ニーズを引き出し解決策を提案できるように育てていくことが緊急の経営課題に挙げられている。そのためには、人事部が人材の採用と能力開発の場面とを通して、全社員の仕事スタイルを顧客志向に仕向けていかなければならない。その前提として管理職は支援・育成型でなければならないし、人事部自体が社員に対して顧客志向的な姿勢と行動を貫いている必要がある。指示命令型の人事部が「支援型マネジメント」をＰＲして顧客志向を目指せと言ったところで説得力を持つはずがない。

人事部が制度づくりと管理業務を目的にしてしまっているなら、人事部を丸ごとアウトソーシングしたほうが経営効率はよいだろう。また、経営サイドに寄りすぎて社員の気持ちを汲まない「成果主義」推進型の人事政策を戦略人材マネジメントと呼んだとしても、社員、ラインマネジャーにそっぽを向かれてしまっては業績に寄与しない。山口が言うように、人事部が経営のベストパートナーとしてナップスの中で重要な位置を占めようとするならば、まず人事部自体が社内顧客志向でものを考え、現場支援型になり、問題解決請負型として機動的に動ける部門に変化するしかないのだ。その意味でも、七月以降の谷川次長の変化は、まだ始まったばかりとはいえ山口にとって嬉しいものに違いなかった。

職場環境やタイミングやメンターなどの諸条件さえ揃えば、人は短期間で自分自身をこんなに大きく変えていくことができるのだ。これも谷川が長年きっちりと仕事を積み上げてきたことによる蓄積の賜物だろう。さすがに日本のベテラン社員はすばらしい、ナップスはきっと〈燃える集団〉に変われるに違いないと、若いキャリア採用候補者を玄関で見送りながら矢澤はしみじみ思った。

第8章　経営のベストパートナーとしての人事部に向けて

夢を語る管理職

ここは渋谷にある豆腐料理の専門店。店員が矢澤久美子に渡した上質和紙のメニューには、アボカド豆腐、汲み上げ湯葉の刺身、湯葉餃子、生麩の田楽など創作豆腐料理のほか、豆腐のティラミス、湯葉マンゴープリンといった珍しいデザートやカクテルが写真入りで並んでいる。

年末の今日、十二月三十日は洋一の誕生日なので外で食事をすることになっていた。

「個室もあって静かでいいお店だね。前から知ってたの?」テーブルのうえで揺れているアルコールランプの炎を覗き込みながら洋一が聞く。個室はほの暗くて雰囲気がよく、小窓からは外の景色が覗けるようになっている。

「ううん、お豆腐好きの洋一のためにネットで探したのよ。ほら、これがメニュー。珍しいデザートもたくさんもあるから、別のお店にお茶をしに行く必要もないしと思って」と久美子。

「健康的でおいしそうだから、かえってバクバク食べすぎてしまいそうだよ」

「お豆腐は健康食品だからたくさん食べても大丈夫よ。それに、今日は私のおごりだからねー」

「そうか。ではまずは、その珍しい生搾り完熟キウイサワーから頼もう」

「おいしそうよね、私もそれをねらってたの」と、珍しいカクテルと料理を注文する。

運ばれてきたカクテルで、誕生日おめでとう！と乾杯し、料理をつつき始める。

「今年は案外出張が少なかったね」

「うん、去年は半年間に三年分くらいの出張をまとめてした感じだったけど、今年は東京の研修所でのワークショップがメインで、出張はその現場フォローに行く程度だったからね」

今年の初めから連続開催していた二つのワークショップには、それぞれ初めの二―三回は企画担当者である久美子がプログラム・コンテンツの微調整のために張り付いていたが、その後ルーティンワークとして流れはじめてからは、ファシリテータの榊原史郎や伊達涼介とのやり取りも含めて部下が交代で担当するようになっていた。部下に早く仕事を引き継ぐのが久美子の信条である。

「伊達くんからマネジメント勉強会の雰囲気は聞いてるけど、キャリアマネジメント・ワークショップと併せてやって、管理者の行動に何か変化は起きてる？」

「うん、おかげさまで少しずつだけど、いくつかの変化が起こってきているわ。たとえば組合に寄せられる職場相談のなかから上司・部下問題が減ってきたのも一つの変化。それから、突然の若手社員の退職が減ったというのもあるかな。もともと『突然の退職』なんてないんだけどね。ある程度目線を合わせて若手社員の不満を聴ける先輩や管理職が出てきて、退職の兆候を見つけることができるようになったってことかな」

社員の気持ちを管理職が察知できるようになると、不満の芽に対して比較的早く手が打てる。それまでは、部下から辞表が出されて初めて管理職が彼らの不満を知るということが多く、『突然の退職』という言葉が使われていた。いったん辞表が出てしまうと、もはやリテンションは難しい。

「それに〈日本橋〉の雰囲気も少し違ってきたのよ。まだまだ『変わった』とは言い切れないけれど、私が入社した一年半前と比べたら活気が出てきたわ。以前はシーンとしてキーボードの音だけが響いているような陰気なオフィス。会話するのがはばかられるという雰囲気だから、みんなヒソヒソ声だったのよ。入社日の前日にミーティングで呼ばれたのを洋一も覚えているでしょう？　あのときなんて、オフィスを歩きながらたくさんの人に挨拶をしたのに、こっちを向いて挨拶を返してくれたのは一人か二人だったのよ。とっても居心地が悪かったので、その情景はよく覚えているわ」

「そんなことを言ってたね。ということは、一年半前は久美もヒソヒソ声でしゃべってたわけだ」

「まさかー、私はそんなことしないから人材開発グループの島だけが浮いてたわ。それが最近ではうちのグループの笑い声も目立たないくらい他の島でのメンバーの話し声が聞こえてくるの。もっとも、法務部なんかはまだまだ暗い感じだけれど、それは仕事柄、仕方がないのかもね」

上司の声よりも部下の声のほうがよく聞こえてくると久美子は説明した。それは上司の指示量が減って部下の上司に対する会話量、または部下同士の会話量が増えたということだ。要するに管理職が部下の話を以前よりは「よく聴いている」のだ。これは組合から伝わってくる情報とも合致する。共催事業のおかげで組合の情報も久美子の耳に入ってくるようになっていた。

一般的に上司の指示量の多い職場では部下の活力量が少なくなる。また上司との会話量も多くはならず部下の自律性は乏しい。その分、インフォーマルな場面（職場外）での部下同士の会話量が増える。上司が出張でいなくなった途端ににぎやかになる職場の多くはこれだ。本来持っているメンバーの活力量が上司によって抑えられるということを管理職は知らなければならない。「うちのメンバーはやる気のないやつが多くて職場に活気がない」とぼやく管理職が多いが、自分の指示命令型関与が減らない限りメンバーの活力量は増えようがないし、モチベーションが上がるはずもない。まずはものの順番として、自分の指示量とメンバーの活力量との比率を考えてみることは重要だ。支援型リーダーシップの出発点の一つは、自分の指示量を減らしてメンバーの活力量を増やそうと工夫してみることなのだ（図表18参照→一九二ページ）。

「本社管理部門の雰囲気が変わってきたというのは、会社全体の活力にとって重要なことだね」

「立ち寄ってくれた人に聞いてみたら、ある人なんかは、以前の〈日本橋〉には用事があっても来たくなかったと言ってたわ。フロアに入った途端『何しにきたの？』っていうようにジロッと見られる感じがあって、とにかく暗くて雰囲気が悪いからできたら立ち寄りたくない場所の代表格だったらしいの。私の第一印象と同じよ。悪い人たちじゃないんだろうだけど、なにせ感じ悪いのよ。それが最近はその感じ悪さが減ってきて、フロアに入ると『こんにちは』と声をかけられることもあるんだって。もっとも声をかける人はまだ限られた一握りなんだけれどね」

「ということは、人と人との気持ちの交流やコミュニケーションが成立しはじめているわけだ」

「少しはね。それから、部門長ミーティングで出た話だけど、部・課長たちが以前よりも自分の考えを発言するようになってきたんだって。まだ少数らしいけれど、何人かの管理職は『自分はこうしたい』と言うようになってきているそうよ」

まだ少数だが、部門長に対してだけではなくて部下に対しても、自分がナップスで実現したい夢や思いを語る場を設けたり、ナップスのビジョンを共有するようなオフ会などを始めているのだという。これはある社員からのメールで久美子が知ったことである。オフ会の様子を訊ねてみると、主催者である管理職が一方的に語るのではなく、双方向で気楽に話し合うということを約束事にしているのだという。堅苦しくないミーティングでとてもよかったらしい。

「『管理職が夢を語る』のは大事なことだね。どんなきっかけでそうなったんだろう」

「よくは分からないけど、キャリアマネジメント・ワークショップのプログラムが関係しているのかもしれない。自分小史をシェアするコーナーがあるんだけど、自分語りをしているうちに、気づいていなかった『自分らしさ』、フタをしていた自分の『思い』、日常の忙しさに取り紛れて忘れてしまっていた『自分の夢』なんかを思い出したりするのね。それが肯定的な自己概念とか自己効力感につながってエネルギーが湧いてくるのは参加者共通の実感だったみたいよ」

ワークショップの参加者アンケートでは、夢を思い出したとか、エネルギーが湧いてきてこれからのことを希望的に考えようという気になった、という意見が多かった。

「そうすると、久美の考え出した二つのワークショップがかなり職場活性化につながったわけだ」

「考え出したといっても、マネジメント勉強会のほうは洋一の発案よ。ほら、以前、ベランダで私が

『部下の話を聞けていない上司が多いみたい』という話をしたときに、『不完全燃焼の会話が少しでも完全燃焼に近づくように、上司の会話スタイルを変える策を入れてみたら』って。それがマネジメント勉強会をやるヒントになったの。それに参加者にはこまめにメールフォローもしてるのよ。時間はかかるけど大切なことかなと思って」

「どっちにしても一年半で変化を出せたね。自分の夢に企業ビジョンを重ね合わせて語れる人が出てくるとベクトルが合いやすくなるから、〈燃える集団〉には一歩近づいたはずだよ」

「今回はマネジメントスタイルとキャリアという切り口から人事部として情報提供をしたんだけど、管理職が夢やビジョンを語りながら、やるべきことをメンバーと一緒に考えることができるようになれば職場は変わるということが実感できたわ。マネジメントスタイルって重要なのね」

「そりゃあ、そうだよ。マネジメントスタイルが組織の風土・体質さえつくっちゃうんだから」

ワークショップによる情報提供とそのフォローによって、全社で問題になっていた若手社員の「突然の退職」が少しでも減ったなら、それは経営のベストパートナーとしての人事部の役割を果たしていることになる。制度づくり・人事管理と研修事務局を人事部の最終目的にしているかぎり、人事部は経営の中でアウトソーシングの対象から免れない。さまざまな人事制度の導入や人事の改革が結局は会社の活力増大につながらず業績向上に寄与しないことも多い。プロセスを重視せず性急に導入した「成果主義」などはその典型例だろう。人事制度はある程度の納得感をもって社員に受け入れられることが重要だし、教育研修は管理職の具体的な支援ツールになることが必要だ。人にまつわる経営課題の解決に寄与することができてはじめて、人事部は経営にとって重要な機能だと認識され、経営のベストパートナーになることができる。人事部は経営戦略を達成するための動きを組織につくり出し、それを浸透させて成果を出していけるかどうかが問われているのだ。

管理職のメンター化

わさびが載ったひと口サイズのアボカド豆腐と久美子の好物である生麩の田楽が運ばれてきた。相好を崩して食べはじめた洋一を眺めながら、久美子はにこにこ顔になってくる自分が分かった。忙しい時期だったが、夜中にネットでお店を探しまわった甲斐があったと思う。

「人事部内でも変化はあるけれど、一番大きいのは何と言っても谷川次長の変化よ」

「谷川さんというと、仕事の手際はいいけれど制度づくりを専門的にやってきて現場にはあまり行かない保守本流の人事マンという印象だったね。その人、何か変わってきたの？」

「そうなのよ。山口さんからは現場に行って社員の話を聴くようにとずいぶん言われていながら、いろいろと理由をつけてしていなかったの。それが二つのワークショップに参加して少し考えが揺れたのに加えて、山口さんに誘われて山歩きに行ったころから変わり始めたの。聴き方のトレーニングを私に相談しにいらっしゃったのよ。すごく勇気がいったと思うわ。それにキャリアカウンセラー養成コースに申し込んでＣＤＡ資格も取ってしまわれて、私、もうびっくり。私と違って、自分の考えと少しでも違うことに対してはたたいてから『さらに考えて渡るのを止める』ような人なのよ。

それが自分のスタイルとはまるで違う学習にチャレンジされて、しかも各職場にも出て行くようになったの。新しいことを始める最初の一歩ってすごくエネルギーがいることを考えると偉いと思うわ」

「それは勇気がいっただろうね。一五歳も年下の者に自分が苦手なことを相談するっていうのは、旧来型の管理者になかなかできることじゃないよ。CDA資格を取ったことよりも、そのブレークスルーの行動が重要だね。聴き方トレーニングもキャリアカウンセリングも、おそらく今までの谷川さんの辞書には載っていない言葉だったはずだよ。谷川さんは変化やスピードや人の心という、どちらかというと今まで自分の中で影になっていた部分の重要さに気づいて、それに光を当てようとしたんだね。言ってみれば影との合体、『ゲド戦記』だ」

「魔法使いのゲド?」

「そう。われわれはみんな、利き手ではない部分——いわゆる影の部分——を持っているんだけど、四〇歳—五〇歳代でそれが必要になるときがくる。そのときに、その影を取り込めるかどうかが問われるんだ。自分の利き手ではない部分を認識しそれと向きあって取り込むことができれば進化できるけど、向き合えなければ『変われない頑固者』と言われて自分もまわりもしんどくなる」

「そうね。谷川さんがキャリアカウンセラーの勉強を考えてみるって応接室でおっしゃったとき、私、何か無性に嬉しくなって『やったー』って叫んじゃったの。そのときは何が嬉しかったのか分からなかったけど、いま洋一の話を聞いて分かったわ。谷川さんの影との合体を予感してその勇気に感動したんだと思う」久美子は応接室の会話で気持ちが高揚したときのことを思い出し、谷川の変化をもっと洋一に話したくなった。

「そう考えると、谷川さんは本当に立派だと思う。忙しい仕事の合間に勉強して、しかも実際の仕事に反映させているの。たとえば早期退職優遇制度。二年前の導入のとき、ほとんどPRしなかったために応募者がゼロだったんだけど、谷川さんはその制度を機能させるために全国の支店や事業所で制度の説明会を何回も開いて、内容だけじゃなくてその背景や経営側の考え方についての対話会を持ったりしているのよ。そのことで、ようやく早期退職優遇制度の積極的な側面が社員に知られてきたみたいで問い合わせも増えているの。キャリアについてのワークショップももちろん関係はしているんだろうけど、それだけではないと思う。ナップスは以前から定年退職した技術者と業務委託契約を結んでOBネットワークをつくっているんだけど、この優遇制度はその業務委託をもっと早い時期から仕組み化してノウハウの消滅とか外部流出を防ごうという狙いもある技術伝承施策のひとつ。もちろん、社員にとっては早期からのキャリア選択肢の提供でもあるし。定年後の再雇用制度と合わせると、よいメニューになると思っているの」

「それは独立とかセカンドキャリアを促すなどの前向きな個人支援としての人事施策だよね？」

「そう、出口支援としての前向きの制度よ。定年前でも定年後でもキャリア支援をしますって」

谷川は、来年はじめの募集までに、制度の趣旨を社員にきちんと知ってもらっておこうと、夏以降、各職場を一人で説明してまわっていた。説明会をするエネルギーもさることながら、制度づくりが自分の仕事だといって応募者ゼロでも放っていたものを、今は現場に出かけて対話会までしている。その変化の裏には山口の影響力が大きかったらしいと久美子は説明した。

「私が谷川さんから呼ばれて相談を受けたのは、お二人が山登りから帰られた翌日だったの。谷川さんは『気が変わらないうちに』なんて言ってたけど、結局その日中にCDAコースに申し込んじゃった。それに組織活性化や優秀人材の社外流出を防ぐための施策としてキャリアカウンセラーを社内配置している企業へのヒアリングも翌週からさっそくされたの。それもグループ外の企業よ。すごいでしょ、その行動力。いままで、グループ外企業の人事担当者に話を聞きに行くなんてことなかったんだから。どうも山小屋でお酒を飲みながら、山口さんが『谷川さん、大いに期待をしているぞ』というようなことをおっしゃったみたい。それが気持ちに火をつけたんじゃないかな。単発の研修やワークショップだけでは、決してあんなふうに人は動き始めないもの。谷川さんはキャリアマネジメント・ワークショップのときに、山口さんを人脈のひとりに挙げていたから、谷川さんにとって山口さんは信頼する人、つまりメンターなんだと思う。その人から期待しているということをきちんと伝えられれば、がんばろうって思うよね」

「そうか、そういうことがあったのなら、谷川さんにとって山口さんは間違いなくメンターだ」

メンターとは……

・たとえば人生の転機に直面して迷っているときに効果的な示唆を与えてくれるような人。
・人生の岐路にいると分からず漫然と過ごしているときに「今がきみの転機だ。よく考えてちゃんと選択しないと失敗する」と人生の全体観をもってアドバイスしてくれるような人。
・仕事上の相談にのって具体的なアドバイスをしてくれるような人。
・やたらに意見をせずにきっちりと最後まで話を聞いてくれるので、その人と話をするだけで気が楽になったり、こんがらがっている気持ちや事柄が整理できていくような人。

このような人々のことをメンターと呼ぶことがある。一般には新入社員に対してメンターをつける、というように、指導員制度によって若手社員に任命される先輩社員と思われているふしがあるが、本来、年齢には関係ないし任命制もそぐわない。誰にメンターになってもらうかは個々人が自分で決めて、相手の了解をとればよいのだ。二〇代なら二〇代なりに、五〇代なら五〇代なりに自分の成長にプラスとなるメンターを持てばいい。上司である必要はないし、必ずしも社内の人である必要もない。また場合によっては何かの分野について年下のメンターがいてもいいし、メンターは複数いてもいいのだ。ただ、社内の上司がひとりのメンターとして存在できるなら、それに越したことはない。

「さっき組合に寄せられる上司への不満が減って、〈日本橋〉でメンバーの会話が増えてきたと言ってたね。管理職がワークショップ体験を通して部下の『話が聴ける』ようになり、相手のために的確な『質問ができる』ようになってきているとすると、メンターをやれる管理職が少しずつ増えていることになる。その意味では管理職のメンター化が進んできたのかもしれないよ」

「管理職のメンター化かあ……。谷川さんを見ていて年齢に関係なくメンターって重要だとは思ったけれど、全体をそんなふうには考えていなかったわ。でもマネジメント勉強会でやろうとしてきたことは、確かにそういうことだわ。いつもながら洋一はさすがね」

「いや、久美の話を聞いていてキャリアマネジメント・ワークショップのなかでやっている人脈の整理は、年齢関係なしで自分のメンター探しにもなっているんじゃないかなと思っただけだよ。谷川さんは山口さんとの関係ではメンティーかもしれないけれど、部下や後輩との関係ではメンターっぽくになってきた可能性もある。ナップス全体を見渡してそのような傾向が出てきているなら、管理職が部下の成長や仕事上のソリューションを支援できる準備ができてきたんだよ。それが人と組織を元気にする活動だし、成果志向の〈燃える集団〉づくりに向けて経営が求めている動きだと思う」

「『経営が求める動き』を実現するって最大に重要よね。人事部はそのために分業された部署のひとつ。私、メンターについて気になってきたわ。キャリアを考えるときのひとつの重要な要素が人脈だとワークショップのなかで榊原さんが言っていたけど、それはメンターに置き換えられて組織のマネジメントスタイルと密接につながっているのかもしれない。そういう意味では、二つのワークショップは結果的に一体のものなんだね。企画していてあとから気がつくなんて恥ずかしいー」

「まあだいたい、そんなものだよ。高名な学者が『自分が何をしゃべりたいかは、しゃべってみるまで分からない』という意味のことを言ったらしいけど、本だって書いてみなければ何を書きたかったのかははっきりしないし、仕事だって実際にやってみなければ、自分が何をしたかったのかは分からないことが多いよ」と言いながら、洋一はチーズ豆腐に舌鼓を打っている。

「そうなのね。じゃああまり気にしなくてもいいことにしておこうっと」久美子もつられて汲み上げ湯葉の刺身に箸をのばす。

社内キャリアカウンセリングとコーチング

「谷川さんは自分でCDA資格を取っちゃったんだけど、実は外部CDAとも契約をして、制度としての社内キャリアカウンセリング体制を計画中なの。いままでは『辞めるやつは裏切り者なんだから放っておけ』とか言って何もしなかったんだけど、管理職がリーダーシップの発揮の仕方を間違うと若手社員の退職につながることがあるということをマネジメント勉強会で気づいて、セーフティネットとしての役割を人事部が果たすべきだという発想になってきたの」

「キャリアカウンセリングを勉強してみると、上司の関わりのまずさで会社を辞めたくなる人の気持ちが実感できるようになるのかもね」

「そうそう、トレーニングのなかで若手社員の気持ちを体験してみると、人事部が必要に応じて違う角度から現場のマネジメントを補完することが大切だということが分かるからね。採用した人材の最大戦力化を工夫するのが人事部の機能なんだから『辞めるやつは放っとけ』じゃあ済まないよね。山口さんも谷川案に大賛成。せっかく採用した人材は何とか社内で力を発揮してもらいたい、人事部は個人の仕事プロセスにも目を向けて、人が力を発揮しやすくシナジー効果を出しやすい環境や土壌作りの実現がとりもなおさず成果志向の〈燃える集団〉づくりそのものなんだとおっしゃってる。セーフティネットであったり、自分の強み開発の機能としての社内キャリアカウンセリングは、いわゆる〈プロセス成果主義〉の重要な要素だと私も思っていたから、よかったなって」

「そう思うなら、久美自身がその仕事をやってみたらよいかも」
「洋一もやっぱりそう思う？　実は私、谷川さんにスカウトされて、キャリアアドバイザーのスーパーバイザー（指導者）として登録されちゃったの」

制度の本格施行は再来年度からだが、一年目は試行の年と位置づけてソフトランディングが目標となっている。これは山口が先月の〈要員育成ミーティング〉に提案して了解されたものだ。谷川が早期退職優遇制度の説明で各地を回りながら、キャリアアドバイザー制度（仮称）導入のメリットをPRしているので話が早かった。

谷川は矢澤からの情報で何社かに情報収集に出向き、キャリアアドバイザー制度のラフ案を短時間で作り上げたのだった。複雑なものを単純化して制度案に仕上げるのはほんとに早くて手際がいい。それに抜けがなくて緻密だ。谷川は仕事ができる人間だと山口が言っていたが、その通りだと久美子は思う。あの仕事処理に現場支援型のスタイルが融合したら、自分などとてもかなわない。もっとも、一五年のキャリアの差があるのだからそれは仕方がないとも思うが。

一般に日本の中高年男性は仕事のできる人が多いのだが、過去の成功体験が強すぎるために、変化への対応が苦手という傾向がある。そして給料が多い分だけ企業からは冷たく扱われてしまっている。だから谷川のように自分の影の部分に気づいて観点を変えた行動スタイルをとること（＝影との合体）ができれば、重要な仕事ができる人材として企業からは重宝されるはずなのだ。

「ベテラン社員が谷川さんのように変化できるためには、やはりメンターの存在が大切なんだろうな。

誰でも自分の影の部分と向き合うのは嫌だし、まして合体するなんて相当の勇気がいるだろうからね。タイミングよく背中を押してくれたり見守ってくれたりする人が必要だと思うよ」

「メンターはもともと他人に決めてもらうんじゃなくて、自分で決めて相手の了解をとればいいだけなんだから、持つか持たないかは自分の意識次第だよね」

「そう、自分で決めるのが一番。でもそういうことには慣れていないことが多いので、人事部が意図的にメンタリングとキャリアカウンセリングの二つを結び付けて制度企画をすることも必要だよ。谷川さんの場合は、たまたまワークショップで気持ちが揺れていたところに山口さんがドライブをかけたようだけれど、もっと幅広く、意図的・計画的に、そして継続的な全社の取り組みとして若手社員以外にもメンター制度を適用していくと、変われる人が早くそして多く出てくるかもしれないね」

「そうなればいいなあ。ところで、メンター制度を導入するときにコーチング研修をやったりするみたいだけど、コーチングってどうなのかな？」

「コーチングについてはぼくも調べてみたけど、研修として導入はしたもののうまくいっていないケースも多いみたいだよ。単なる『技法』としてコーチングが導入されて、本来の『相手への思いやり』という心の部分が抜け落ちるんだ。たとえば『相手の考えを深めるために、相手のために質問する』のが本来の『質問』なのに、管理職が『自分の情報収集のために相手をデータ源とみて自分のために質問する』などが典型的。言ってみれば『心で聴く』質問じゃなくて、『口で訊く』質問だ。こうなると部下は伸びるどころか、操作されている感じがするから警戒するよね。その結果、人間関係もギスギスして効果はあがらない。そんなことなら指示命令型の管理職のほうがよほどすっきりする。

導入する際には、コーチのモラルとレベルをよーく判断しないと失敗する」

「そっかー、コーチングといっても、さまざまなのね」と言いながら、久美子は珍しい湯葉餃子に箸をのばす。元気の素である洋一といっしょにいるせいもあるが、このお店の料理はどれも一工夫がしてあってとてもおいしく、エネルギーがじわじわと湧いてくる気がする。

「そう。それはキャリアカウンセラーにも言えることで、同じ有資格者でも実力の差がすごく大きくて、下手するとせっかく動いていた人事制度が機能しなくなっちゃうこともあるらしいよ。コーチングやキャリアカウンセリングは、相手への思いやりの気持ちをベースにしている人に依頼したいよね。そういうマインドを持っている人とタイアップできれば、メンター制度や社内キャリアカウンセリング制度も効果的に機能すると思う」

「分かったわ、よく考えてみる。キャリアカウンセリングについては榊原さんで大丈夫だと思う。谷川さんもご自分で参加されて、いま洋一が言っていたマインドを実感していると思う。コーチングについてはこれから情報収集をしてみるわ」

経営のベストパートナーとしての人事部に向けて

「それにしても、一年半でいろいろな変化が出てきたね。谷川さんが変わってきたことによって人事部のメンバーの行動にも変化が出てきているんじゃないの？」と洋一が聞く。

「いまは谷川さんが先行していてメンバーはまだ戸惑っている状態だけれど、雰囲気が変わってきたのは事実よ。今までは出される指示を口答えせずにきっちりとやっていればよかったのだけれど、『これについてはどんな問題が起こると思うか？』と問われたりするので、自分で考えなくっちゃならなくなって私のところに相談に来る人もいるわ」

「会社には人と組織の全体構図を描いたり制度や仕組みをつくる『全社人事』の役割と、その制度やしくみが各職場で効果的に運用されるように支援する『現場人事』の役割が必要だけど、少し乱暴に言えば、二三〇〇名規模のナップスなら『全社人事』は兼務にして、全員の本務を『現場人事』にしてもいいくらいだとぼくは思う。それでこそ、〈プロセス成果主義〉を進め、成果志向の〈燃える集団〉づくりを推進する経営のベストパートナーとしての人事部の姿じゃないかな」

「そう、山口さんも人事部は経営の重要なパートナー機能を果たさなければならないとおっしゃってるわ。その動きができる人事部づくりを谷川さんに期待しているのよ。制度づくり型から現場支援型に人事部が自ら率先してスタイルを変革することを通して、顧客ニーズを最前線から探り出して提案ができる『顧客・成果志向の組織』づくりを実現していきたいということなのよ」

「『経営のベストパートナーとしての人事部』というのは、『人事に関する目的の達成だけに満足する内部完結型の人事部』からの脱却だよ。欧米のグローバル企業の多くはすでにそうなってるらしい。厳しさはありながらプロセスを重視して社員個々の思いや気持ちを大切にすることによって、組織の結束力を上げていく〈プロセス成果主義〉の実現という考え方だ。久美はそれに賛同して入社したわけだけど、今のところ当初のイメージはほぼ実現できているよね」

「洋一に見守ってもらえたからね。でも今はまだ変化が始まったところよ。来年はこの変化にどれくらい加速度をつけられるのかが課題だわ。何人かの管理職が夢を語ったりし始めてはいるようだけど、谷川次長の入社オリエンテーションについて行ったときに感じた違和感、『企業ビジョン、価値規範が語られないこと』にはまだ手付かずの状態。これからは、ナップスのビジョンや価値観を共有する場づくりもしなくっちゃ。いわゆる組織風土改革に関わる部分だよね。それと同時に各職場の問題解決のための具体的な支援。来年はこの二つに注力しようと思っているの。組織風土改革については発散型のオフサイトミーティングという手法（図表20）、そして、オフサイトミーティングを通して出てくる各職場の具体的な問題に対しては収斂《しゅうれん》型のアクションラーニング（図表21）を導入しようかと。アクションラーニングについては、私も日本アクションラーニング協会の講座で『質問』の重要性について勉強したこともあって、今年やってきたマネジメント勉強会で伊達さんに、『効果的に質問をする』というセッションを入れてもらったから（→一九二ページ参照）、部・課長はすでに『質問』についての基本練習はやってるんだけど、まだそこまでしかできてなくて。いずれにしても、両方とも私自身がまだ学習中でよくは分かっていない状態だから課題は山積なのよ」

「なるほど。久美が担当して発散型のオフサイトミーティングと収斂型のアクションラーニングを融合させて実施することができれば、きっと具体的な変化が出てくるよ。久美ならアクションラーニングを『職場外の単なる研修』には終わらせないだろうから。ナップスは来年おもしろくなりそうだね。ところで課題といえば、個人が仕事で成長実感を持てるようにするには行為レベルで詳細にヒアリングして、具体的なスキルとして抽出する作業が不可欠だけど、それもなかなか難しい作業なんだよ」

「行為レベルで詳細にヒアリングって、どんなふうにやるの？」

●図表20　オフサイトミーティングとは「気楽にまじめな話をする場」

オフサイトミーティングとは、職場を離れ、立場や肩書きをはずして、参加者同士がざっくばらんに話し合い、聞き合おうというミーティング。そのためには、あらかじめ「話し合い方のルール」を共有するだけではなく、雰囲気の演出として服装をカジュアルにしたり、序列を感じさせるような席の配置にしない、飲み物やキャンディを持ち込む、などの工夫をする。

・立場を離れて自らの「思い」を語る
・人の話をじっくりと聴く
・「言ってはならない」ことのハードルを下げる
・異質な考え方を受け入れる
・その場限りにしない

・もともと気の合う仲間
・「ここだけの話」を本気でする
・無目的
・本音は出るがその場かぎり

・立場を背負って発言する
・言って良いことと悪いことの区別をつける
・伝わり方が一方通行
・正論を主張する場
・自分の意見をいかに通すかが関心事

(注)オフサイトミーティングの詳しい情報は、http://offsite-meeting.com/

●図表21　アクションラーニング(AL)実施のポイント(GIALメソッド)

正しく導入したときの効用	必須の6要素	2つの基本ルール
・現実の問題解決 ・個人能力の開発 ・リーダーの育成 ・チームビルディング ・「学習する組織」の構築 ★これらが同時に達成できるというメリットがある	① 現実の問題 ② 多様性のある4～8人のグループ ③ 質問とふり返りのプロセス ④ 学習に対するコミットメント ⑤ 行動（行動計画） ⑥ ALコーチ	① 意見は質問に対する回答のみ ② ALコーチはいつでも介入できる

出典：『実践アクションラーニング入門』（ダイヤモンド社、2004年）より

「キャリアのコア・スキルの抽出という重要な部分なんだよ。トレーニングだけは日本キャリア開発協会というところで受けたことがあるんだけど、難しくてぼくにはまだできない。でも説明だけならできるよ」と洋一が解説しはじめた。

行為の再現性と〈プロセス成果主義〉

まず、個人に今までやった行為を思い出してもらいやすいように、学校を出てから現在までを主な仕事ごとに区切りをつけてもらう。メインとなる仕事が変われば一区切りとする。そして、その区切り（期間）ごとに、どんなことをしていたのかを思い出してメモしてもらう。このときのポイントは、業績や成果などの結果指標ではなく、「あれをした、これをした」と動詞レベルで思いつくままに『行為』を書き出してもらうこと。業績や成果など再現性のない結果指標は後回しにして、まずは個人の継続的な成長の指標である『行為の再現性』に目を向けて、これを先行指標として重視するんだ。そして、その『行為』の主語を確認したうえで5W1Hで具体的に聞いていく。それによって、その人の強みや個性やスキルが明確になりコンピテンシーの抽出にもつながる。これはキャリアカウンセリングの中核となる実務スキルなんだけど、実際にきっちりとできるキャリアカウンセラーは少ないらしい。だから、ナップスで外部委託するときはこのことを考えて適任者を探すのがよい。

〈プロセス成果主義〉を進めるときに、この「行為の再現性」を外して考えることはできないと思われるから、社内キャリアカウンセリング制度には、何らかの形で「行為」をヒアリングする場面を設けるべきだ。これができるキャリアカウンセラーを配置できれば、個人の成長実感がかなりはっきりと自覚できるようになるので、「もっとがんばろう」という自分なりのエネルギーが湧いてくる。これが〈燃える集団〉の出発点だろう。スキル（＝再現率の高くなった行為）の自己認識が自信（＝自分への信頼感）となり、それが自分への肯定感につながって前に向かうエネルギーが湧いてくるのだ。

また、自分の「行為」にアンテナが上がり始めると、自分の「不作為（やるべきなのにやっていない事柄）」にも敏感になり、厳しく自己評価ができるようになる。自分の「不作為」を自覚するためにも「行為」を認識する作業は欠かせない。できるだけ多くの社員にこの感覚を持たせたうえで、日常的に自分の行為の再現性を自分自身で問い続ける自問自答を習慣化させたいものだ。それがプロセスを踏まえた個人としての成果志向の状態であり、それに組織ビジョンが重ねあわされると、成果志向の〈燃える集団〉に近づくことができるはずだ。そこがナップスの目指すところであり、人事部が現場型に転換して各職場に対して働きかけをしていくポイントでもあるだろう。

「行為の再現性を聞くということは、榊原さんもワークショップの中で言っていたわ。いま洋一が言った『行為』と『結果』を分けて考えるということはPAR分析だと説明していた。『結果』よりも『行為』が重要なんだと」洋一が説明を終えるのを待って久美子が言った。

「キャリアマネジメント・ワークショップの内容を現場の仕事に落とし込んで深めることが大切だということよね。谷川さんが導入を計画している社内キャリアアドバイザー制度（仮称）と絡めて考えてみることにするわ。今日もまたずいぶん整理ができたわ。来年からの行動の糸口が見えてきた。ど

「久美の転職はひとまず成功だったようだね。いまはまだ少数の職場で雰囲気が少し変わりはじめているように、来年もやれるだけのことをやってみることにするわ」

「えー、そうなのかなあ。それはよく分からないけど私自身は目標にしていた『人と組織を元気にする』仕事を実践させてもらえて会社には感謝しているから、今年以上に成長実感とやり甲斐を感じられるように、来年もやれるだけのことをやってみることにするわ」

「人事部長ね。もしかすると、山口さんはそれを考えたうえで久美を採用したのかもしれないね」

「ありがとう。私もそれが大事かなと思ってるの。谷川さんにとっても来年が正念場になるだろうから、私もできるだけ応援してあげようと思ってる。あれだけ変化できる人なら、将来、ナップスの人事部長になってもらってもいいかなー、なんて実は最近は思いはじめてるんだ」

まで〈プロセス成果主義〉を深めることができるかがカギだろうから、その社内キャリアアドバイザー制度（仮称）のソフトランディングに、久美も力を注ぐことが必要だろうけど、久美なら谷川さんの変化をさらに盛り立てながらきっとうまくやれると思うよ」

「それはよかった。組織維持の機能を担う人事と革新機能を担う人材開発は、宿命的に水と油のように相反する性格を持っているけれど、経営のベストパートナーとしての人事部であるためには、久美が担当している革新機能である人材開発グループが適度な距離感で維持機能である人事グループに刺激を与え続けることが必要だと思う。久美が入社してから一年半の間に、維持機能グループの長である谷川さんが山口さんのメンタリングの効果もあって変化しつつあるというのは、ソリューションビジネスへの転換というナップスの経営課題からみてとても好ましい状況だと思う。来年一年間でどこ

うもありがとう、いつもながら感謝してます」そう言って、久美子はぺこりと頭をさげた。

いるレベルみたいだけれど、いまの動きのバージョンアップを続けていけば、きっとナップス全体が短期間で山口さんのいう〈燃える集団〉になっていくよ。ある閾値《いきち》を越えると、動きがよく見えるようになるものだ。そうなったときには〈プロセス成果主義〉がかなり実現していると思う。来年はそれに向かっての二歩目を踏み出すことになるわけだ。では、さらにいい仕事をして久美の成長実感が今年以上に高まることと、ナップスの人事部が経営のベストパートナーに近づくことを祈って乾杯！」

「それから洋一のお誕生日もね。かんぱーい！」

元気の素

きれいなカクテルグラスをテーブルに戻したとき、そのグラス越しに小窓の外の銀世界が久美子の目に入ってきた。生垣にうっすらと積もった雪が街灯に照らしだされてキラキラ輝いている。

「あ、雪が積もってる。いつ降ったんだろう？　でも、とってもきれいよ」と久美子は思わず声を上げた。そして、ヘッドライトに映し出される雪を眺めながら思った。

明日は大晦日《おおみそか》。暑い六月三十日に初めて出社してからちょうど一年半になる。その間、全社向けに実施したいくつかの働きかけを通して〈日本橋〉の雰囲気が少し変わり始めたとはいえ、会社全体の変革は始まったばかりだ。山口取締役が目標として掲げているのは、人事部改革を起爆剤にした会社変革だ。顧客ニーズという曖昧なものを顧客最前線から探り出して「答え」として提案するソリューションビジネスをさまざまな職場で確実なものにしていくための〈燃える集団〉づくりの実現、人事部のキーワードを入れるなら〈プロセス成果主義〉の実現だ。「仕事をするなら〈浜松町〉（S社）、ゆっくりするなら〈日本橋〉（ナップス）」などと業界内で揶揄《やゆ》されている汚名を早く返上しなければならない。その目標を見据えた切り込み活動として、この一年半やってきた人事部を変える側面支援は一応成功だったと言えるだろう。

しかし、これからが正念場だ。特に次の一年間。初動の後の一定期間の行動によって将来が決まる。これは個人でも組織でも同じだ。人事部の動きをさらに変えることによって、会社全体に大きな変化を起こせるかどうかが問われる年になるだろう。自分にとって重要であると同時に、次長の任期切れが迫る谷川次長にとっても重要な一年になるはずだ。来年の今ごろ、人事部を経営のベストパートナーにどこまで近づけることができ、会社を〈燃える集団〉に生まれ変わらせる潮流をどこまで創りだせているだろうか。**人事が変われば、会社は変わる**のだ。来年は今年以上にがんばろう、と久美子は思った。

小窓からテーブルに顔を戻すと洋一がこちらを見ていた。自分にとっての元気の素がそこにいる。どこまで何ができるのか不安は一杯だが、これからも洋一の腕枕カウンセリングがあれば、そのときどきに知恵と元気が湧いてくるような気がする。プロセスの充実感が発想とエネルギーを育むことを実感できている自分は幸せだ。今まで言葉として考えたことはなかったが、やはり洋一は自分にとってのメンターに違いないと、久美子は実感していた。

㊡

◇著者紹介

香本裕世（こうもと・ひろよ）

1955年生まれ。神戸大学経営学部卒業。

江崎グリコを経て、人材ビジネスの世界に入る。以後、人材紹介、スカウティング、人材開発、組織風土改革、アウトプレースメント、経営再建等の実務を経験する。

専門分野は、モチベーションおよびモラールアップを中心とした「人と組織に関わる問題解決」。

人の入社・定着・退社に関する20年以上の実務・コンサルティング経験に基づき「現場対応力のあるCDA（キャリア・ディベロップメント・アドバイザー）」の養成（日本マンパワーより委嘱）に注力するかたわら、日本で初めてハローワーク職員向けのキャリアカウンセリング指導や自治体主催の再就職支援セミナーを手がける。

企業の人材開発に対しては、「組織風土改革」「部門長の職場支援」を軸とした社内プロセスデザイナーへの役割転換を提案している。

現在、スコラ・コンサルトのパートナー。

連絡先：(E-mail) welcome@scholar.co.jp
(URL) http://www.scholar.co.jp

著書・論文：
『「会社を変える」人材開発』（光文社新書、2003年）
「変革型人事が会社を変える」（「企業と人材」2003年9月－2004年8月）
「企業における人材開発でのエンパワメント」（「南山大学紀要」、2004年）
ほか

人事が変われば、会社は変わる

2007年3月14日　　1版1刷

著　者　　香本裕世
　　　　　©2007 Hiroyo Koumoto
発行者　　羽土　力
発行所　　日本経済新聞出版社
　　　　　〒100-8066　東京都千代田区大手町1-9-5
　　　　　［URL］http://www.nikkeibook.com/
電　話　　(03) 3270-0251
印刷製本　中央精版印刷株式会社
ISBN978-4-532-31312-8

読後のご感想を弊社ウェブサイトにお寄せください。
http://www.nikkeibook.com/bookdirect/kansou.html